哲学与流行文化丛书
丛书主编 [美] 威廉·欧文(William Irwin)
顾问 张一兵

《复仇者联盟》与哲学

地表最强思想家

THE AVENGERS AND PHILOSOPHY

Mark D. White
[美] 马克·D. 怀特 主编
徐楠 译

EARTH'S MIGHTIEST THINKERS

南京大学出版社

目　录

引言: 1

地表最强哲学家

如果你喜欢超级英雄——不然你也不会看这本书了——那你一定会**爱上**超级英雄团队,而复仇者联盟(Avengers)无疑是漫威宇宙(Marvel Universe)中最杰出的团队。复仇者联盟最棒的一点是,从中你不仅能看到你最喜欢的英雄们团结一致,在看似不可能的情况下消灭致命的威胁,还能看到他们之间的互动——以超级英雄的身份,**或是**作为和你一样的普通人。无论他们是被困在复仇者大厦里,还是在探索着宇宙的最深处,你都能看到他们是如何在一起工作和玩乐的,有时他们能和睦相处,有时则不然。这就是我们喜欢复仇者联盟的地方,漫画里如此,动画、电影里也是如此——既是超英史诗,也有肥皂剧情。

正如复仇者集结是为了抗击单一英雄无法独自抵挡的威胁,《〈复仇者联盟〉与哲学》的作者们也集结在一起探讨了一系列话题,话题范围之广也不是单个哲学家能够全部胜任的。你有没有想过在
道德哲学的层面上比较一下复仇者“三巨头”——美国队长(Captain 2
America)、钢铁侠(Iron Man)和雷神索尔(Thor)?克里-斯克鲁战争(Kree-Skrull War)可曾让你反思战争本身的伦理性?复仇者会招募

有犯罪前科的人,比如鹰眼(Hawkeye)、快银(Quicksilver)和猩红女巫(Scarlet Witch),对于这一特殊倾向又该如何评价?我们也没忘了提出有关复仇者联盟里那些大反派的问题:康(Kang)真的能回到过去杀死他自己吗?我们真的欣赏诺曼·奥斯本(Norman Osborn)和他的黑暗复仇者(Dark Avengers)吗?最后,还有说到肥皂剧不得不提的,猩红女巫和幻视(Vision)能够真正相爱吗?

不管你偏爱哪一组复仇者阵容,也不管你最喜欢哪一位复仇者,《〈复仇者联盟〉与哲学》中总有一章适合你。[你可能会问怎么没有松鼠妹(Squirrel Grill)呢?等着看第二辑吧,**全都**是关于她的。]所以,在复仇者学院在你家附近开设分部之前,本书就是你向地表最强哲学家学习的最佳机会了——或者说,在我们拥有自己的电影之前!

我想要感谢比尔·欧文(Bill Irwin)一直以来的支持与鼓励,以及他为这本书,包括“布莱克维尔哲学与流行文化”(Blackwell Philosophy and Pop Culture)整个系列所做出的努力;感谢威立(Wiley)出版社的康妮·桑蒂斯特万(Connie Santisteban),是她自始至终确保了此书的顺利出版;感谢我的合著者们,他们对于哲学与复仇者联盟的见解超出我的想象。我还想特别感谢克里斯汀·汉弗科(Christine Hanefalk)给予的大力支持,尤其是在出版前压力最大的那几周。最后,我想感谢所有让复仇者联盟闪耀半个世纪之久的创作者们,自斯坦·李(Stan Lee)与杰克·科比(Jack Kirby)伊始,再到科特·卜赛克(Kurt Busiek)与乔治·佩雷兹(George Pérez),最后是布莱恩·迈克尔·本迪斯(Brian Michael Bendis),以及令地表最强英雄在大荧幕上重生的乔斯·韦登(Joss Whedon)。

第一部分

复仇者会怎么做？

1

元祖复仇者的超级英雄伦理课

马克·D. 怀特(Mark D. White)

在复仇者学院里,像汉克·皮姆(Hank Pym)和虎女(Tigra)这样的前辈会教导年轻英雄如何做一名复仇者,其中一门必修课就是超级英雄伦理课。在课堂上,超英学员会面临一些复仇者在日常生活中经常突然遇到的道德困境,并被问及他们的处理方法及理由。虽然一想到是汉克·皮姆在教授这门课,我们可能会感到迟疑——他可是"照我说的做,但不是我自己那种一而再再而三的做法"的典型人物——但是这样的课程对于年轻英雄而言是至关重要的,这将教会他们如何在拥有强大能力的同时肩负起随之而来的重大责任。①

如果要我说的话,最应当教授超级英雄伦理课的老师是美国队长、钢铁侠和雷神索尔,也就是在最近的迷你系列②中被称作"元祖

① 可参见 *Avengers Academy* #10 (May 2011), reprinted in *Avengers Academy: When Will We Use This in the Real World?* (2011),以及此处的讨论:http://www.comicsprofessor.com/2011/03/superhuman-ethics-class-is-in-session-in-avengers-academy-10.html。

② *Avengers Prime* #1 - 5 (August 2010 - March 2011), reprinted in *Avengers Prime* (2011).(原书于2012年出版。——译者注)

复仇者”(Avengers Prime)的三位。我并不是指这三位就一定是最
6 具道德的复仇者，而是他们的确代表了三种最常见的道德体系：功利主义(utilitarianism)、义务论(deontology)以及德行伦理学(virtue ethics)。这三位经典英雄在自己个人的冒险故事中都展现了独特的道德指向，但最能说明三者不同道德观念的地方还是他们在复仇者联盟中的互动，尤其是他们之间的冲突。我们就从钢铁侠开始吧，因为从各方面来说，他的道德框架都是最简单的，也因为可以以他为基础对比介绍另外两位。

功利主义者钢铁侠

托尼·史塔克(Tony Stark)一直都是漫威宇宙中的重要人物，但从2006年的漫画大事件“内战”(Civil War)开始，他成了这个宇宙的中心。一旦他意识到《超级英雄注册法案》(Superhuman Registration Act)——要求所有超级英雄向政府注册并公开身份的法律——的通过在所难免时，便抢先一步，确保法案按照**他的**想法执行。当美国队长发起超级英雄反对法案的抵抗时，钢铁侠则带领支持注册的一方反对他，并且在以美队投降为结局的战争之后，托尼获准管理神盾局(S. H. I. E. L. D)和复仇者联盟。在任期上，他得应对美国队长史蒂夫·罗杰斯(Steve Rogers)的离世及其继任者巴基·巴恩斯(Bucky Barnes)的选定，多年前曾被他流放到太空的浩克(Hulk)对纽约市造成的破坏，还有斯克鲁人大规模的秘密入侵。斯克鲁动乱导致托尼·史塔克下台，诺曼·奥斯本上任，托尼还自行切

除了脑叶以防奥斯本获取储存在他大脑中的超级英雄注册信息。奥斯本的“黑暗王朝”(Dark Reign)在大事件阿斯加德围城(Siege of Asgard)后终结，这是(恢复了大部分记忆的)托尼、(死而复生的)史蒂夫·罗杰斯和(时为俄克拉荷马州人士的)索尔再次联合，带领重整后的复仇者联盟进行反击的战果。①

无论是在漫威宇宙还是现实世界中，都有许多人觉得托尼这段 7
时期的决定和做法是可鄙的。尤其是在内战期间，他招募了雷霆特攻队(Thunderbolts)——一支由臭名昭著的超级反派和心理变态组成的队伍——来围捕拒绝注册的英雄，还参与建造了负空间(Negative Zone)里拘禁这些超级英雄的监狱。不过，我们也很难去质疑托尼改善现状的初衷。而且如果不打破一些规则或者说造成一些不良后果，现状也几乎不可能得到改善。

破坏规则和不良后果是道德哲学家们熟悉的话题，因为它们与**功利主义**有关，也就是托尼·史塔克的基本道德体系。功利主义对行为的评价标准是其结果的善(goodness)或者说“功用”(utility)。如果某种行为对这个世界造成的善果大于恶果，那么就是道德的，并且相较于恶果，创造出最大善果的行为就是最道德的(或者说是必须的)。公认提出功利主义的哲学家杰里米·边沁(Jeremy Bentham)(1748—1832)将“善”等同于幸福(pleasure)，将“恶”等同于痛苦(pain)。其他功利主义哲学家也提出了从快乐(happiness)、康乐

① 参见……好吧，参见几乎所有2006年以来的漫威漫画，尤其是 *Civil War* (2007), *World War Hulk* (2008), *Secret Invasion* (2009), 以及 *Siege* (2010)，外加数十本(不然就是数百本)附属(tie-in)漫刊。(去呀，去看吧，我等着呢。)

(well-being)或偏好满足(preference satisfaction)等方面考量功用。①不管如何衡量功用与善，功利主义都是建立在结果更重要这一共识上的。此外，每个人的功用都同等重要。这意味着对于每一种行为来说，善都可以叠加至一个总值，并用来与其他方案比较，或进行最大化，以获得道德意义上的最佳行动方案。②

虽然功利主义的概念很简单，但到了现实中会变得非常复杂，因为判断各种选择的功用是极其困难的。为了评估和比较不同行动过程的善，人们必须预想每种选择的所有影响。当然，托尼·史塔克认为自己是未来主义者(futurist)，有着预见任意事件结局的特殊能力。在他停止绯红机甲(Crimson Dynamo)的心跳以击败对方又立
8 刻将之复活后，美队责怪托尼："你不必停止他的心跳也能稳住局势。我能想到至少四种——"而托尼打断他："那我能想到七种。但这一种是最可取的。"③然而，即使是在这种相对而言小规模的情况下，从这一选择衍生出的一连串事件也是难以预料的，特别是当涉及他人和随机事件时。(比方说，机甲可能患有某种心脏病，让托尼无法重新起搏他的心脏。)

---

① 参见边沁的 *An Introduction to the Principles of Morals and Legislation* (1781)，网址为 http://www.utilitarianism.com/jeremy-bentham/index.html。

② 功利主义是**结果主义**(consequentialism)的一种具体形式，也就是以行为所造成的结果的某方面来评断其道德性，比如(功利主义中的)善或[平等主义(egalitarianism)中的]平等。深入的讨论可参见 Walter Sinnott-Armstrong, "Consequentialism," *Stanford Encyclopedia of Philosophy*, http://plato.stanford.edu/entries/consequentialism。

③ *Iron Man*, vol. 4, #7 (June 2006), reprinted in *Iron Man: Execute Program* (2007). 在故事最后(#12, November 2006)，为了不在心灵控制的影响下被迫杀死美队，托尼停止了自己的心跳，坚信自己可以像机甲那样复活。

那么诸如流放浩克或赞成超英注册这样的重大决定，可能产生的无数复杂后果都是无从得知，因此也是无法估量和比较的。正如我们看到的，托尼确实搞砸了很多事情——美队死去，浩克归来，斯克鲁人入侵。所以就算是自封的未来主义者也会犯错。而且，由于他的决策水平和预言水平差不多，托尼不能预知自己行为的后果这一点，让他的决定也陷入被质疑的境地。这种质疑无疑适用于所有功利主义决策。

美国队长：义务高于一切

漫画中的钢铁侠与美国队长从来都是以不同的角度看待这个世界的，只不过内战将这种伦理冲突推到了漫威宇宙的风口浪尖。托尼示范了什么是功利主义，而美队则是**义务论**的光辉典型，也就是根据原则或义务而不是结果来判断行为本身的道德性。① 在托尼停止绯红机甲心跳这一事件中，美队大概是认为这违背了不杀戮的原则。在美队看来，托尼所说的“可取性”并不能作为这种行为的正当理由。义务论与功利主义的矛盾通常由“正确”(right)和“善”(good)表述，善是可以最大化的量(quantity)，而正确是一种坚守。停止机甲的心跳也许是达到善果最可取的方法，但对美队而言，这纯粹是不正确 9

① 参见 Larry Alexander and Michael Moore, “Deontological Ethics,” *Stanford Encyclopedia of Philosophy*, http://plato.stanford.edu/entries/ethics-deontological。

的事。

当义务论者（比如美队）批评功利主义者（比如托尼）“为达目的不择手段”[①]时，他们的言下之意是某些能够达成目的的手段绝不应该采用，无论善果如何。无论目的多么值得——即使是救死扶伤——原则上也不应采取某些手段。在现实世界中，刑讯恐怖分子嫌疑人以及电话窃听就是最好的例子；而在内战里，我们能看到诸如建造负空间监狱以及招募雷霆特攻队这样的例子。这些行为被认为在本质上是错误的，其结果不能证明它们的正当性，反而玷污了高尚的目的。当然，义务论者并非完全摒弃结果的重要性，但他们认为原则也同样重要。

义务论较于功利主义的优势似乎在于，它不需要我们去计算和比较每个决定的善果和恶果。美队不会去考虑邀请雷霆特攻队对于完成他的目标有何利弊。更准确地说，他根本不会考虑邀请他们，因为他会认为与杀人犯打交道是错误的。[他最终拒绝惩罚者(Punisher)加入反注册运动也是出于同样的理由。][②]但这样就忽视了区分对错的复杂性。当美队对托尼说“正确的事就是正确的”，或者（在谈及支持注册的一方时）告诉莎伦·卡特(Sharon Carter)“他们所做的是错误的，就这么简单”时，他直白的语言模糊了这样一个

① 谚语 The ends justify the means。——译者注

② *Civil War* #6 (December 2006). 另一方面，美队却允许金刚狼(Wolverine)加入复仇者联盟，尽管他告诉托尼“他是个谋杀犯”。(*New Avengers*, vol. 1, #6, June 2005, reprinted in *New Avengers: Breakout*, 2006). 我倾向于认为，像美队这样的士兵懂得在激烈的战争中杀人和为了个人利益（比如雷霆特攻队）杀人或为了报复（比如惩罚者）杀人是不同的；有关这一话题的更多内容，参见本书中阿诺·博盖尔兹所著章节《复仇者联盟与神盾局：前摄超英主义问题》。

事实，那就是在任何既定的情况下都需要经过深思熟虑与反复判断才能决定什么是对的。① 虽然不必去计算功用上的正负面影响，但义务论者需要权衡各种原则和义务（甚至是与结果进行比较）。

此外，义务论规避了功利主义学说中的偶然性，即事态的变化可
以令道德判断发生反转。托尼原本是反对注册的，理由是这会威胁 10
到英雄所爱之人，影响团队士气和他们继续当英雄的动力。② 可一旦他确信注册法案会通过，他便作为挂名首脑签署了法案，并对彼得·帕克（Peter Parker）说："我必须带头促使其他英雄注册。如果不是我，就会是别的更糟糕的人。而且说实话……我觉得目前这么做是对的。"③从功利主义的角度看这是令人钦佩的：他适应了新的事态，在发到手中的牌出现变化时打出了最好的组合。不过对于义务论者来说，对错的依据不是事态而是原则。美队坚定地反对注册，并不是因为他顽固不化，而是因为他在任何时候都不为世界现状所动的判断方式。即使他在内战最后投降了，也不是因为他改变了对于注册的看法，而是因为他意识到他的所作所为已经偏离了他们的初衷："我们不再是为了人民战斗……我们只是在战斗而已。"④当钢铁侠到位于赖克斯（Ryker's）的监狱探视他时，美队对他说："我们坚

---

① *Iron Man/Captain America: Casualties of War* (February 2007), reprinted in *Civil War: Iron Man* (2007); *Captain America*, vol. 5, #22 (November 2006), reprinted in *Civil War: Captain America* (2007).

② 参见 *Amazing Spider-Man* #529－531 (April－June 2006), reprinted in *Civil War: The Road to Civil War* (2007)。

③ *Amazing Spider-Man* #532, reprinted in *Civil War: Amazing Spider-Man* (2007).

④ *Civil War* #7 (January 2007).

持了自己誓死保卫的原则。你出卖了你的原则。”①但更准确地说，托尼和美队只不过是把不同的首要原则当作出发点，分别代表了善与正确。双方都为了自己的原则战斗到最后一刻——且坚信不疑。

英雄信念

我们可以轻易指出功利主义与义务论之间的差别，但也应指出它们的相似之处。（当我们讨论德行伦理学和索尔时，这一点会起到特别的作用。）我们已经提到过一个相似点：功利主义和义务论都需要进行判断，尽管方式不同。功利主义要求预想、评估、比较每种选
11 项的每一个可能的结果，而义务论要求考虑和平衡当下情况涉及的每项原则及义务。无论哪种程序都不可能完美执行——而等待某个人一次次尝试也会导致灾难发生。人们必须做出选择，而有时一旦深思熟虑的时间所剩无几，则必须通过判断才能做出选择。就像托尼在对战浩克时所说的：“我每天都在选择应该如何做，我的做法足以影响百万人甚至数十亿人的生命。如此之高的代价，我又怎么敢自己决定呢？但此时此刻，什么都不做本身就是一种决定。”②

无论哪一种道德决策方法——功利主义或义务论——都需要坚定的信念才会有效。做出最佳决策只是一方面，如果当事人不能彻

① *Civil War: The Confession* (May 2007), reprinted in *Civil War: Iron Man* (2007).

② *World War Hulk* #4 (November 2007).

底执行也是毫无意义的。尽管钢铁侠和美国队长各持己见，但他们都拥有强大的信念。面对法庭台阶上美队被暗杀后的遗体，托尼坦白道："我早就知道我会负责站在事情的这一边。因为如果不是我的话，是谁呢？还能有谁呢？没有人。所以我忍下来了。我做了你会做的事。我许下承诺……这么做是正确的！"①

美队一如既往地以更加动人的方式表达了他的信念，这一次是面对蜘蛛侠（Spider-Man），当后者考虑离开托尼，站在美队这一边时：

> 媒体的言论无关紧要。不必理会政客与暴民。即使所有国民是非颠倒也并无所谓。这个国家建立在高于一切的原则之上：我们必须坚守信念，无惧逆境、不计后果。当暴民、媒体以及整个世界都叫你让开，你要做的是如大树般将自己扎根于真理的河畔，然后告诉整个世界——"不，**你**让开。"②

自然不会有人质疑美国队长的信念，但我的重点是，总体看来，信念
并不取决于个人的道德哲学。正如美队所说："如果你相信，那你就 12
坚守下去。"

理解判断与信念的重要性也有助于我们厘清对于义务论伦理学

---

① *Civil War: The Confession*.

② *Amazing Spider-Man* #537 (December 2006), reprinted in *Civil War: Amazing Spider-Man*. [类似内容的发言在漫威电影《美国队长 3：内战》（*Captain America: Civil War*）（2016）中设定为出自佩吉·卡特（Peggy Carter），由莎伦·卡特转述。——译者注]

带”的世界观，仅仅因为它使用了像是“正确或错误”这样的绝对性术语，而不是像“改善或恶化”这样的相对性术语。而对于功利主义者而言，唯一的正确决定是“最佳”决定，能得到最积极结果的决定——其他所有决定都是错误的。莎伦向美队问及注册法案：“如果美国队长都不遵守法律，那么谁还会遵守？”美队答道：“这件事不是非黑即白的，法律却只能看见这两种颜色。”这与他所重视的正义与自由的广义上的义务论概念是相悖的。① 可一旦你忽略这些条条框框——当代哲学家与经济学家戴尔德丽·麦克洛斯基(Deirdre McCloskey)笑称为拿着“三乘五英寸的卡片”研究伦理学——认可判断在道德决策中的作用，那么无论功利主义还是义务论都不是非黑即白的。②唯一能够用得上这个词的是信念，是坚守自己道德选择的决心，而这常常被混淆为固执己见。事实上，坚守信念其实是一种美德。

妙哉！ 一段续写

功利主义与义务论的另一个共同点是把重点放在行为上：在某种特定的情况下决定什么才是正确的做法。但我们的第三堂伦理课，**德行伦理学**，则把重点放在行动者上，强调好人(或有道德的人)具有的不朽品质，比如诚实、勇气、决心——全都是英雄身上的特征。

---

① *Captain America*, vol. 5, #22.

② Deirdre McCloskey, *The Bourgeois Virtues: Ethics for an Age of Commerce* (Chicago: University of Chicago Press, 2006), 263.

钢铁侠和美国队长自然也展现了这些美德，但这些美德并不能解释他们所做出的道德决策。德行伦理学的范例是我们的第三位元祖复仇者——索尔。

这位奥丁之子(Odinson)为荣耀而生，遵循勇气、忠实、诚信的最 13
高标准，这些理想就是他行为的动因。他不会像托尼那样权衡所有方案的正负面影响，而是让他的本能指引他做出正确的行动。这样一来索尔就与美队类似，因为他们都想要做“正确的事”。当然，他们的理由还是不同的：美队会做正确的事是因为这体现了他的义务或原则，而索尔是因为这体现了他的品性。

由于索尔在打破看似无尽的诸神黄昏(Ragnarok)(众神末日)循环后理应睡上一会儿①，所以他错过了内战。可当他回到地球时，他发现美国队长已死，钢铁侠参与创造了索尔克隆体(以及其他一些不当决定)。当钢铁侠与他见面，以朋友的身份欢迎他回到地球并“力劝”他注册时，索尔重述了托尼在这场超英战役中的所作所为，将之形容为有损品德：

> 你追捕那些曾与我们并肩作战的战友，杀害或监禁反对你的人，不管之前他们对你有多忠心……你偷取我的基因密码，在我未允许、不知情的情况下用它制造这种垃圾——这种畸形——这种对我的侮辱——然后你告诉全世界这就是我。你玷污了我的存在，亵渎了我的信任，践踏了我的全部。这就是你对

① 索尔在诸神黄昏后进入虚无中长眠。——译者注

> 友情的定义?①

索尔没有提到托尼这些行为的动机或原因，而是讲起他如何违背了团结、忠诚、正直、尊重、信任以及友情的基本概念。正如索尔对托尼动之以情——晓之以“力”的，一个好人是不会背离这些品德行事的。相反，好人应具备这些美德，这是构成他们品性的重要部分，也会在他们的决定、意图以及行为上有所体现（即使不一定完美）。②

14 在美国队长的一周年忌日时，索尔来到他的墓地，召唤出了这位阵亡战友的灵魂。在主动提出要向谋杀美队的人复仇（并被拒绝）后，索尔献上了一段悼词，再次提到了美德，特别是荣耀和友情：

> 史蒂夫，我历经人类的世世代代，一个又一个世纪。我见过许多伟人，知晓无数荣耀。但对于我这个古老而又疲惫的灵魂而言，最高的荣耀就是有幸与你并肩作战，结交为友。③

同样，索尔的关注点不是美队为义务或原则所做出的奉献，而是这种奉献是如何令他践行了索尔眼中英雄、战士、朋友理应具备的美德。

当然，索尔不只是用这些美德标准要求他人，首要对象其实是他

---

① *Thor*, vol. 3, #3 (November 2007), reprinted in *Thor by J. Michael Straczynski Vol. 1* (2008).

② 更多有关美德与缺陷的内容，参见本书中安德鲁·泰耶森所著章节《美队的疯狂四重奏：有可能改邪归正吗?》。

③ *Thor*, vol. 3, #11 (November 2008), reprinted in *Thor by J. Michael Straczynski Vol. 2* (2009). 更多有关古希腊对友情的定义，参见本书中托尼·斯帕纳克斯所著章节《神、野兽与政治动物：复仇者联盟为何集结》。

自己。他坚定不移地保持公平公正，比如主动向一个魔化发狂的阿斯加德人提出放他一条生路，之后才与之交战并击败对方，后来一旦发现被他战胜的敌人竟然是他的祖父及前任国王博尔(Bor)，便接受被阿斯加德流放。① 他无所畏惧、不屈不挠，比如在阿斯加德围城事件中，被诺曼·奥斯本及其黑暗复仇者打败后，他发誓道："我不会逃离你，还有你那些跟班。我不会躲藏。我会保卫我和我父亲的家园……直到剩下最后一口气。"②他有极强的荣誉感和正义感，在围城事件的最后拒绝杀死哨兵(the Sentry)鲍勃·雷诺兹(Bob Reynolds)——即使雷诺兹求他这么做——直到雷诺兹攻击复仇者他才不得不下手(在这之后，索尔带走他被烧焦的尸体，用自己的披风将其包裹起来，埋葬在烈日里)。③ 他还极端忠诚，极端到在他被领养的弟弟洛基(Loki)死于阿斯加德毁灭后复活了对方(而洛基正是罪魁祸首，不过之后他也悔悟了)。④

虽然许多英雄都展现了这些品质，包括钢铁侠和美国队长，但索 15
尔是鉴于这些品质行事的，而不是鉴于对善果的预期或对义务原则的尊重。索尔力求做一个好人，一个有道德的人。比如说，在《元祖复仇者》的最后，索尔获得了海拉(Hela)(死亡女神)用来重塑九界的暮光之剑(Twilight Sword)，却拒绝自己使用。他本可以重现阿

---

① *Thor*, vol. 3, #600 (April 2009), reprinted in *Thor by J. Michael Straczynski Vol. 2*.(第12期以后，该系列从600期开始重新编码，以庆祝此刊的周年纪念日。)

② *Siege* #2 (April 2010).

③ *Siege* #4 (June 2010).

④ *Thor*, vol. 3, #617 (January 2011), reprinted in *Thor: The World Eaters* (2011).

斯加德往日的辉煌——它在诸神黄昏中毁灭，之后迁移至俄克拉荷马州的布罗克斯顿(Broxton)，接着在围城事件中被再次摧毁。但他告诉魅惑魔女(the Enchantress)阿莫拉(Amora)："基于我自己的目的使用这种邪恶的力量会让我变成像她一样的恶魔。"①而"这样的恶魔"——基于自己的目的使用无限制的力量，甚或为了他能够预见的对所有人来说最好的结果使用这种力量——不是索尔力求成为的人。

伦理学家集结！

因此，我们能否得出这样的结论，即德行伦理学与功利主义或义务论没有任何共性？绝非如此——这三种伦理学方法论均可被视为决定正确做法或正确生活方式的办法，无论是从行为还是从品性的角度。并且，在诸如谋杀和说谎这种一般性问题上，它们常常会得到相同的结论，即使在具体的案例中可能有各自不同的说法。比方说，与义务论和德行伦理学相比，功利主义可能会更加放任一些出于好意的谎言。

不过，无论你选择采纳哪一种道德框架，你都需要进行判断并将之运用在具体的情境中。面对来自他人的批判或来自内心的怀疑，你还需要坚定的信念以支持自己的决定。就像我们的元祖复仇者也许在基本道德哲学方面有所差异，但他们都具有合理判断、坚信不疑

① *Avengers Prime* #5 (March 2011).

的能力。他们始终是我们这些在现实生活中渴望成为英雄——但又付不起复仇者学院的学费——的人的榜样。

2

照亮黑暗复仇者

莎拉·K. 多诺万(Sarah K. Donovan)与尼克·理查森(Nick Richardson)

在大事件秘密入侵(Secret Invasion)的余波下,诺曼·奥斯本召集的复仇者团队——也就是漫画读者所熟知的黑暗复仇者——看上去是为了服务于公众利益而组建的。通过强调自己在击退斯克鲁人入侵时起到的作用——以及指出托尼·史塔克、尼克·弗瑞(Nick Fury)、神盾局与(原)复仇者起初的失败——卸下了绿魔(Green Goblin)这另一重身份的奥斯本成为天锤局(H. A. M. M. E. R)(接替神盾局的组织)局长。因为美国民众以为黑暗复仇者就是"真的"复仇者,他们便可以利用前任者完美无瑕的声誉进行各种罪恶勾当却逍遥法外。由冒充鹰眼、惊奇女士(Ms. Marvel)等经典复仇者的反派组成,黑暗复仇者在亚特兰蒂斯人(Atlanteans)袭击梅尔罗斯(Melrose)①后确实保护过公众利益,但他们也会做出一些与真正的复仇者并不相称的行为。比如,奥斯本与邪恶内阁(Cabal)结为同

① 位于洛杉矶的梅尔罗斯大道(Melrose Avenue),该城市在 *Dark Avengers*, Vol. 1, #5 中遭到了亚特兰蒂斯人的袭击。——译者注

盟;在梅尔罗斯反击战中,哨兵(同时也是一位"真的"复仇者)杀死了所有亚特兰蒂斯恐怖分子;以及"新的"鹰眼①在奥斯本的命令下谋杀了哨兵的妻子。② 19

在公共场合中,黑暗复仇者看上去是好人,实际上却并非如此。对于哲学家来说,这就产生了问题。有必要**做**一个好人吗,或者,**看上去**是好人就足够了吗?如果你可以做了坏事之后逍遥法外,同时看上去是个好人,你会这么做吗?以及,我们如何看待那些真的这么做的人呢?

柏拉图与古希腊复仇者

在《理想国》(*Republic*)里,柏拉图(Plato)(公元前 429—前 347)以其老师苏格拉底(Socrates)(公元前 469—前 399)为原型创作了一个角色,借角色之口提出人类之所以正义,是因为他们受到了神圣完美之物的指引。③ 史蒂夫·罗杰斯,也就是美国队长,就体现了这一观念,他的行为似乎是由深深的正义感引发的。他有着超乎常人的

---

① 指冒充鹰眼的靶眼(Bullseye)。——译者注

② 所有这些事情都发生在《黑暗复仇者》(*Dark Avengers*)系列中,自 2009 年 3 月至 2010 年 7 月连载了 16 期,并全部收录于《黑暗复仇者》(*Dark Avengers*)(2011)精装本及其他平装版本中。

③ 参见 Plato, *Complete Works*, ed. John M. Cooper (Indianapolis: Hackett, 1997)。下文柏拉图的引言部分均有标注标准页码,所以你可以在任一权威译本中找到相应段落。[即斯特方码,由 H. 斯特方(H. Stephanus)编订,许多柏拉图著作的译本中都会使用这种编码,以方便读者查找。如下文注释中的"*Republic*, 338c."。——译者注]

气力、耐力与自制力,可以借此强行夺取他想要的一切,但他选择成为一名士兵,一个超级英雄,一位复仇者,为公众利益而非私欲服务。美队强大的爱国主义精神就是他为准则献身的例证,而准则即是他眼中比自己更为重要的东西。

柏拉图在《理想国》中创造的另一个角色色拉叙马库斯(Thrasymachus)则认为,我们只有在觉得自己能够因此受益时才会抱有善意。比我们自己更重要的东西无法决定我们的行动,除非那是我们自己的利益,尤其是在作恶后可以免于被捕的情况下。诺曼·奥斯本就展现了这样的观点,他在成为天锤局局长后组建了自己的复仇者团队,以实现其个人的邪恶目的。虽然黑暗复仇者也会做好事,但那都只是为了遮掩奥斯本更大的计划。除了自己的利益之外,奥斯本不相信任何意义上的"正义"。

但相信善意或正义这样凌驾于我们之上的概念到底意味着什么呢?为了回答这个问题,我们需要来到**形而上学**(metaphysics)的领
20 域,研究凌驾于物质之上的东西,它们遥不可及,比如神或灵魂。柏拉图的理型(Forms)论就是形而上学理论的一个经典案例。柏拉图认为理型是一种无形而又完美的存在,是地球上所有现存事物的蓝图。相反,所有实体物件都是理型的复制品(并带有不同程度的瑕疵)。

根据柏拉图的形而上学,现实不是我们所想的那样。理型的世界才是真正的现实,而我们的世界是一个不断变化的劣等领域。在他著名的**洞穴寓言**(allegory of the cave)中,柏拉图将我们对于周遭世界的认知比作囚犯对于洞穴的认知,只不过是在盯着墙上的影子

罢了。[①] 囚犯误将影子当作最高现实,没有意识到影子是如何出现的。同样,如果我们对理型一无所知,那么我们也会误将物质世界当作最高现实。

柏拉图主张我们应“离开洞穴”,了解理型。这样一来,在理解了善意的理型和正义的理型后,我们便只会充满善意与正义。史蒂夫·罗杰斯再次说明了相信理型这样永恒不变的价值观意味着什么。在内战最后,罗杰斯作为反注册运动的领导者弃械投降并被羁押。托尼·史塔克到木筏(Raft)监狱——位于赖克斯岛的最高安保级别基地——探视他时,罗杰斯抨击史塔克是出于自负发动了一场血腥的战争,而不是出于更高的理想,比如自由。我们可以看到,罗杰斯对史塔克这么说的时候是受到了高于自己的原则指引:“谁说你是我们的道德指南了?”[②]罗杰斯这里的意思是,道德的通行法则是独立于人类的(所以不是由你我创造的),但我们必须遵循。这种思维方式是所有植根于理想和原则的信念的基础。我们还能看到罗杰斯对史塔克这么说道:“我们坚持了自己誓死保卫的原则。你出卖了你的原则。在一切开始前,你就输了。”[③]简而言之,罗杰斯可以说他占据了道德的制高点,是因为真的**有**形而上学意义上的“制高点”供他占据。

---

① 参见 Book Ⅶ of the *Republic*。

② *Civil War: The Confession* (May 2007).

③ 同上。

21 强权即公理?

美国队长可能会赞同有关善意和正义的形而上学理论(即使不一定是柏拉图的),但诺曼·奥斯本显然不会。比如当他接受精心安排的电视采访以维护他的公众形象时,他这么做只是为了自己,为了在美国民众面前表现好的一面。① 奥斯本就是现代版色拉叙马库斯。在《理想国》里,当苏格拉底宣称只有根据形而上学的理型才能理解正义的意义时,色拉叙马库斯反驳道:"正义不是别的,只是强者的利益罢了。"②对于色拉叙马库斯(或奥斯本)来说,并不存在理型这种衡量或评断我们行为的标准。反之,正义仅仅意味着不惜一切代价的胜利。

让我们暂时把诺曼·奥斯本放到一边,将目光转向他的复仇者团队成员,表面上的知名复仇者们。事实上,他们的真实身份和犯罪背景绝对会引起公众的恐慌。比如惊奇女士被月光石(Moonstone)卡拉·索芬(Karla Sofen)取代,后者无恶不作,甚至杀死了自己的母亲,加入了邪恶大师(Masters of Evil),与复仇者联盟作对。金刚狼心理扭曲的儿子戴肯(Daken)冒用了自己父亲的身份,却从小就开始了杀人的行径(相较于他的父亲而言更加肆无忌惮)。鹰眼实际上是靶眼——夜魔侠(Daredevil)最主要也最病态的敌人之一。还有冒

---

① *Dark Avengers* #5 (August 2009).

② *Republic*, 338c.

充蜘蛛侠的毒液(Venom)(记得小蜘蛛的黑色制服吗?)。

所有这些"英雄"都假扮成那些公认的好人,变身为公众眼中善意与正义的守护者。当然,我们知道这些黑暗复仇者都是最大程度上**非正义的**——那么问题来了,我们应该在意这一点吗?色拉叙马库斯所说的正义只是强者的利益是正确的吗?

黑暗复仇者:邪恶或无畏而已? 22

柏拉图《理想国》里的另一个角色格劳孔(Glaucon)借用一个有关裘格斯戒指(ring of Gyges)的故事,阐释了色拉叙马库斯的观点。[1] 故事中,一位牧羊人在田地中央的裂隙处发现一匹空心铜马,里面埋葬着一具死尸,尸体上戴着一枚金戒指。牧羊人拿走了戒指,发觉它可以令自己隐身[把他想成是托尔金(Tolkien)[2]吧,不过是公元前的版本]。他利用这枚戒指杀死了国王,夺取了整个国家。通过这枚戒指他获得了一种超能力,他可以用这种能力达到或正义或邪恶的目的——跟黑暗复仇者(以及真正的复仇者)的能力完全类似。

如果有两枚这样的戒指,你把一枚交给正义之人,另一枚交给不义之人,结果会如何?格劳孔认为"似乎没有人会做到完全不被腐

---

① 不过值得注意的是,格劳孔说他之所以支持色拉叙马库斯的论点,只是因为他希望苏格拉底能够彻底驳倒它。格劳孔希望站在苏格拉底这一边,但他也希望看到最好的论证。(他可能是史上第一个爱唱反调的人!)参见 *Republic*, 357a-b。

② 《魔戒》(*The Lord of the Rings*)的作者 J. R. R. 托尔金(J. R. R. Tolkien)。——译者注

蚀,以至于坚守正义的道路,远离他人的财产”。[①] 换句话说,无论是正义还是不义之人都会作恶,只不过正义之人不会立刻这样做罢了。

格劳孔进一步指出,大部分人会鄙视不愿做出不义之事的人。如果有人获得了隐身的机会,却不愿意利用这种机会,那么这个人会“被所有知情人认为是可悲而又愚蠢的,不过,他们当然会在公共场合赞扬他,唯恐背负不义之名而互相欺骗”。[②] 格劳孔认为,我们虽然不会公开承认,但都觉得在无人注意的情况下做好人是傻瓜才会做的事。所以事实上他是在断言,我们在某种程度上是欣赏黑暗复仇者这样的人的。

格劳孔的结论是,大部分人都相信不义邪恶之人的生活实际上会比正义之人的优越(非道德层面上的)。所以我们不仅欣赏黑暗复仇者,还相信如果加入他们,我们的生活会变得优越。为了说明这一点,格劳孔用两种场景设置了一个思维实验。第一种,想象一个彻底
23 的不义之人,他有着行事正义的声誉,并且无论他做了什么都能够从身为正义之人的角度得到解释。第二种,想象一个完美的正义之人,从未做过任何不义之事,但他声名狼藉。他会始终行正义之事,但也会始终被认为是不义之人。

格劳孔的实验促使我们扪心自问,“实际”正义是否真的重要,重要到我们能够接受第二种场景。换句话说,如果你只有两种选择,实际正义但表面不义,或实际不义但表面正义,你会怎么做?你真的重视实际正义吗,以至于愿意被你的家人、朋友以及整个社会抛弃(也

---

① *Republic*, 360b.

② 同上,360d.

就是说你同意苏格拉底的观点)？还是更重视权力和周围人的赞赏(也就是同意色拉叙马库斯的观点)？

可以这么说,黑暗复仇者都拥有“魔法戒指”。因为他们装扮成了真正的复仇者联盟,所以他们看上去都是好人,却在公众不知情的情况下作恶不断。《黑暗复仇者》的短期连载中充满了各种阴暗的暴力行为,而这些都是常人眼中道德败坏的做法。比如诺曼·奥斯本指使冒充鹰眼的靶眼谋杀哨兵的妻子林迪(Lindy)。靶眼非常乐意把林迪从直升机上扔下去,并号称她是自杀。[1] 可见这些躲藏在复仇者合法身份下的黑暗复仇者——尤其是奥斯本——在拥有隐身能力时会做些什么,不过真正恐怖的是,他们的做法是如何被轻易接受的。

无须人知

就像格劳孔的举例中享有正义声誉的不义之人,奥斯本一直致力于保持自己及其团队的积极公众形象。比如,新近组成的黑暗复仇者里有些成员建议通过追杀托尼·史塔克来维护公共安全,奥斯 24
本回应道:“不,现在的托尼·史塔克是该交给法院解决的问题了。落井下石可不是赢得民心的方式。”靶眼不解:“谁会在乎这个啊?”奥

① *Dark Avengers* #14 - 15 (April - May 2010). 靶眼身穿克林特·巴顿(Clint Barton)的制服无恶不作的更多行径参见 *Dark Reign: Hawkeye* (2010)。

斯本答道："我在乎。所以你也应该在乎。"①在黑暗复仇者首次公开露面之后，奥斯本告诫他们："让我先说清楚一件事……你们之中的任何一个人——我是说任何一个——都不允许再跟媒体接触。"②奥斯本计划控制黑暗复仇者公众形象的方方面面，因为"戒指"一定要抛光擦亮才能发挥效果。

当克林特·巴顿（真的鹰眼）在电视上宣称"此时此刻的美国境内，诺曼·奥斯本正在雇佣一帮犯罪分子进行他那些秘密肮脏的行动"时，黑暗复仇者的公众形象问题再次引起了奥斯本的重视。③ 巴顿还说奥斯本本人就是"一个反社会罪犯，大多数人甚至不知道或者似乎忘记了他过去是个叫作绿魔的杀人犯"。④ 当然，奥斯本也登上电视以消除巴顿言论带来的疑虑。他并未否认自己曾是绿魔的事实（但也指出了巴顿的犯罪经历），为了博取大众的同情，他说自己曾经患有精神疾病，但现在已经痊愈。他声称他曾寻求各种疗法，甚至长期服药以摆脱那种"状态"。他进一步蛊惑道："而且说真的，你们有没有想过美国总统和参谋长联席会议会允许一个伪装后的杀人狂在我们历史上如此重要的时刻领导一场如此重要的行动吗？"⑤奥斯本明白他必须操纵大众的认知，以使得他与黑暗复仇者的不义事业能够继续进行。

---

① *Dark Avengers* #1 (March 2009).［实际上钢铁侠最后还是受到了黑暗复仇者的追杀，参见 *Invincible Iron Man*, vol. 2, #8 - 19 (February - December 2009)。——译者注］

② *Dark Avengers* #2 (April 2009).

③ *Dark Avengers* #4 (June 2009).

④ 同上。

⑤ *Dark Avengers* #5 (August 2009).

在奥斯本忙着维护黑暗复仇者完美无瑕的形象时,巴顿并不是
唯一一个知晓某些黑暗复仇者真实身份的人。同为反派的摩根·勒
菲(Morgan Le Fay)知道,前神盾局副局长玛利亚·希尔(Maria
Hill)也知道。被奥斯本辞退后,希尔要求与他面谈:“我想直视你的 25
眼睛。我想跟你面对面。我想告诉你当你毁灭殆尽时——而且……
哦,你肯定会的——我将见证那一刻,笑掉我的大牙。”在《黑暗复仇
者》第一期的最后,希尔与尼克·弗瑞及其他了解黑暗复仇者真相的
人站在了一起。正如弗瑞对这支刚刚组建的队伍所说的:“你们将是
我的军队。在这黑暗绝望的时代,世界需要我们。”①

让我们回到格劳孔(补充色拉叙马库斯)的观点,即大部分人都想拥有为所欲为、强取豪夺的同时无损善良正义之名的机会。所以根据格劳孔的说法,事实上我们都很羡慕黑暗复仇者以及他们道德缺失却明目张胆的模样。如果你不同意格劳孔的看法,那么你可能是相信,在内心深处我们依然有着是非的观念。虽然你也许不希望出于正义的目的在表面上做个不义之人,但你还是会这么做。《黑暗复仇者》里的一些角色也是如此。

真正正义

真正的复仇者惊奇女士卡罗尔·丹弗斯(Carol Danvers)、黑暗复仇者的惊奇队长(Captain Marvel)诺-瓦尔(Noh-Varr)以及双重复

---

① *Dark Avengers* #1.

仇者[1]（以及希腊战神）阿瑞斯（Ares）都愿意为了正义付出一切——包括名誉与生命。当奥斯本告知丹弗斯他就是复仇者联盟的新任队长时，她拒绝与他共事，说道："没有任何人会跟你同一阵线，诺曼。不会有什么复仇者了。不会。"[2]她是如此决绝，作为军人的她宁可擅离职守，也不愿与奥斯本为伍。她宁可被视作弃自身义务于不顾，也不愿与奥斯本共事，仅仅在表面上当一个正义好兵。但丹弗斯是"真正"的复仇者，所以我们不会因此讶异。

26 同样，诺-瓦尔在发现自己的黑暗复仇者同事们其实是犯罪分子后便退出了。他发现这一点的时候，刚刚引诱过他的（假冒惊奇女士的）月光石正急忙打开电视想要收看奥斯本的访谈。她对他说："我等不及想看看诺曼怎么把黑的说成白的，他可是找了一帮心理变态的谋杀犯冒充复仇者联盟啊。"[3]诺-瓦尔震惊不已，问道："他找了什么？"[4]那一晚，诺-瓦尔从黑暗复仇者叛逃并躲藏起来。每一个背离黑暗复仇者的人似乎都觉得，做个好人比仅仅做个赢家要更重要一些。

阿瑞斯就是另一个例子，他想要的是真正正义，而不仅仅是表面正义。当他加入黑暗复仇者时，与诺-瓦尔类似，他轻信了奥斯本是与他一同站在正义这一边的。真正的惊奇女士拒绝加入黑暗复仇者并发现阿瑞斯与她不同后，她指着奥斯本这么对阿瑞斯问道："你知

---

① 既是内战后钢铁侠组建的神威复仇者成员，又是黑暗复仇者成员。——译者注

② *Dark Avengers* #1.

③ *Dark Avengers* #5.

④ 同上。

道他是谁吗?”阿瑞斯答道:“他是在战斗中战胜了我们敌人的勇士。”跟公众一样,阿瑞斯认为奥斯本是那个阻止了斯克鲁人入侵的英雄。但在阿斯加德围城事件中,阿瑞斯发现奥斯本欺骗并利用了他。他袭击了奥斯本并说道:“我告诉过你我会怎么做,奥斯本!我说到做到!我会拧下你的头颅,撕开你的装甲,消灭你的一切。”①之后哨兵赶来保护奥斯本,真的将阿瑞斯撕裂成两半。阿瑞斯为了正义付出了比名誉更高的代价——他付出了生命。(不过他是神——他会好起来的。)

黑暗复仇者究竟有多黑暗?

当你做“正确的事”时,是因为觉得自己会被注意到,还是因为你内心深处的“正确”与“错误”之分指引着你的行为?如果你像奥斯本那样有机会领导一支道德败坏的超英队伍,你会克制自己不去惩治
对手、积敛财富,以及解决一些问题吗?如果无人知情,并且你能够 27
确保将来也无人知情,你会这么做吗?如果你这么做了,你会有罪恶感吗?如果你会,那么你不是一个真正的善人,就是一个伟大的傻瓜。遗憾的是,哲学范围内还没有判定你到底是前者还是后者的科学方法,所以我们只能继续思考:我们对于黑暗复仇者的看法**究竟**是什么呢?

---

① *Siege* #1 - 2 (March - April 2010), reprinted in *Siege* (2010).

28

3

复仇者联盟：地表最强家族

杰森·索斯沃斯(Jason Southworth)与露丝·托尔曼(Ruth Tallman)

何为英雄或反派？我们谈论英雄时通常关注的是他们强大的个性及各种美德，勇气、决心、自立，这些都是他们令人瞩目的原因。我们往往认为他们之所以出众，原因都在于自身。不过你可曾换个角度，将目光转向那些在英雄终成英雄的过程中出过一臂之力的人呢？

漫威宇宙一直就有描写英勇与罪恶背后的家庭影响的传统。特查卡(T'Chaka)与他的子女，特查拉(T'Challa)与苏睿(Shuri)，都担任过瓦坎达(Wakanda)的守护者，也就是黑豹(Black Panther)。孪生兄妹布莱恩与伊丽莎白·布拉多克(Brian and Elizabeth Braddock)分别是代号为英国队长(Captain Britain)和灵蝶(Psylocke)的超级英雄。许多家族世世代代都与超英身份或反派恶
29 行有关。另一版美国队长以赛亚·布拉德利(Isaiah Bradley)的孙子以利·布拉德利(Eli Bradley)以爱国者(Patriot)的身份继承了家庭传统。而在邪恶的反面，海因里希与赫尔穆特·泽莫(Heinrich and Helmut Zemo)父子两人先后使用泽莫男爵(Baron Zemo)这一身份

与美国队长作对，这种邪恶传统甚至能往前追溯十二代。[1]

所有这些例子都说明家庭教育对于塑造一个人的品性有多重要。先天条件——即使是以放射性蜘蛛或伽马射线的形式出现[2]——决定了一个人是潜在的英雄还是潜在的反派，但后天培养足以影响这个人究竟走上什么样的道路。在本章中，我们将根据复仇者联盟数十年漫画里的各种实例，探究父母对于子女的行为与品性是否负有责任。

奥创之父

我们不必过分深入复仇者联盟的历史，就能发现将子女的发展归因于父母会导致各种矛盾。漫画中着墨最多的亲子关系莫过于汉克·皮姆与奥创(Ultron)——一个仿生机器人——之间的关系。拥有最多别名[蚁人(Ant-Man)、巨化人(Gaint-Man)、歌利亚(Goliath)、黄衫侠(Yellowjacket)、黄蜂侠(Wasp)及至高科学家(Scientist Supreme)]的复仇者皮姆根据自己的“脑波模式”(brain patterns)开发出一台具有人类智慧的超级计算机。[3] 被创造出来后，奥创很快形成了自主意识，以及随之而来的他自己的想法。不幸的是，这些想法中包括杀死皮姆、其他复仇者，以及几乎所有人。

---

① 赫尔穆特·泽莫是泽莫家族的第十三任当家人。——译者注

② 分别指蜘蛛侠与浩克的起源。——译者注

③ 参见 *Avengers*, vol. 1, #58 (November 1968), reprinted in *Essential Avengers* Vol. 3 (2001)中的闪回部分。

有人可能会觉得将汉克·皮姆/奥创的关系视作亲子关系来讨论有些奇怪，但是漫威宇宙中的人物就是如此看待这段关系的。奥创与皮姆会明确称呼对方为“父亲”和“儿子”。此外，奥创马克 12 号(Ultron Mark 12)(“优质”版本的奥创)身亡时，皮姆对“儿子”的离
30 开感到悲痛万分，甚至崩溃到企图自杀(真的拿枪顶住了自己的脑袋)。① 他们之间的关系和许多父母与子女的关系类似——比方说，是汉克创造了奥创，而在奥创自己成长后，无论是福是祸，两人终将再次交集。不过，皮姆并没有机会左右奥创的想法，事实上他甚至不知道他的“儿子”形成了自主意识，直到奥创第一次对他发起攻击。

那么汉克·皮姆对奥创的行为是否负有道德责任呢？对于复仇者们来说，答案无疑是肯定的。人们多次表达了对于皮姆的不满与谴责，而且明确将奥创造成的死伤归咎于皮姆。大家的思路似乎是这样的：汉克之所以应当为此负责，是因为如果他没有创造奥创，奥创就不会犯下这些可怕的罪行。惊奇女士(卡罗尔·丹弗斯)的看法是这一观点的最佳总结：“是你创造了奥创，所以去你的……如果你没办法[阻止他]，你就自杀吧。”②所以复仇者及大多数读者都从直觉上认为皮姆身为奥创父亲这一点就是他的不对，即使他并没有参与塑造奥创的“品性”。

---

① *West Coast Avengers*, vol. 2, #14 (November 1986), reprinted in *Avengers: West Coast Avengers—Sins of the Past* (2011).

② *Mighty Avengers*, vol. 1, #4 (August 2007), reprinted in *Mighty Avengers Vol. 1: The Ultron Initiative* (2007).

有其父未必有其子

然而，当我们思考另外两位复仇者旺达与皮特罗·马克西莫夫(Wanda and Pietro Maximoff)，也就是猩红女巫与快银(Quicksilver)的问题时，矛盾就凸显了。这两位复仇者在长大成人前都不知道自己的父亲是谁。他们的母亲玛格达·埃森哈特(Magda Eisenhardt)在怀孕期间就出于恐惧离开了他们的父亲，因为她发现自己的丈夫马克思(Max)是一个变种人(mutant)，她生怕孩子们会因此受到伤害。玛格达在分娩后不久便去世了，这对双胞胎由一对名为姜戈与玛利亚·马克西莫夫(Django and Marya Maximoff)的吉卜赛夫妇收养。[①] 这就是为什么他们的姓氏与自己的父亲马克思·埃森哈特不同，后者后来改名为埃里克·兰谢尔(Erik Lehnsherr)，也就是人们熟知的万磁王(Magneto)。

万磁王作为超级反派及变种人恐怖分子的所作所为，显然为他 31
在漫威宇宙的超级反派名单上赢得一席高地。但他身为一名父亲所做的却跟汉克·皮姆相差无几：万磁王为他的子女贡献了 DNA，就像汉克提供了自己的脑波模式。最初的阶段过后，他们两人都没有参与自己后代的道德教育或品性塑造。皮姆对奥创的心理发展毫不知情，万磁王连自己的孩子在哪里都一无所知。但在汉克因奥创受

---

① *Vision and the Scarlet Witch*, vol. 2, #12 (September 1986), reprinted in *Avengers: Vision and the Scarlet Witch—A Year in the Life* (2010).

到指责的同时，却没有人会将两位复仇者的诞生归功于身为父亲的万磁王。唯一的差别在于，皮姆是反派的英雄父亲，而万磁王是英雄的反派父亲。不过，我们依然解释不了这一点是如何影响了正负面的道德评价。似乎从所有相关角度来看，这两个案例的情况都是一样的，我们却无法做到一视同仁。如果万磁王没有功劳，那么皮姆也应该没有责任——而如果皮姆应该负责，那万磁王也应有功。所以我们该怎么办？看上去，我们不能仅凭创造了生命这一点来决定如何评判父母。

让我们想想，是什么样的潜在因素促使我们在本能上想要责怪皮姆。我们对皮姆创造了奥创这一点的反应之所以如此负面，似乎是因为奥创实在太邪恶了，而他拥有一个英雄父亲这一点更是加剧了我们的本能反应。我们觉得英雄的后代也应该是英雄，而汉克的英勇与奥创的邪恶之间这种强烈的对比令人深感不安。出于这种不安，我们需要找到一个怪罪的对象，而汉克就是最合适的目标。另一方面，如果反派的后代出淤泥而不染，我们倾向于认为这只不过是孩子的运气，或者是他拥有超乎常人的强大个性，以至于不会受到自己恶父毒母的不良影响。当子女比家长更成功时，我们似乎不会在意相似性的缺失。我们无须为了任何事谴责任何人，我们也不想将功劳归于恶劣的父母。

32

蚁心之旅

这是我们为什么想要责备汉克却不去赞扬万磁王的一种心理学

解释，但这样的解释合理或者说公平吗？让我们再看一位英雄及其英雄后代的范例，看看在父母责任这方面我们应当得出什么结论。

斯科特·朗(Scott Lang)(继皮姆之后的第二代蚁人)常被认为成功培养出了一名超级英雄，他的女儿易身女(Stature)凯茜(Cassie)。凯茜在青春早期就是少年复仇者(Young Avengers)的创始成员，后来更是主动加入复仇者联盟——皮姆的神威复仇者(Mighty Avengers)阵容——的成员中最年轻的一位。[①] 以她为例，称赞她的父亲似乎没有什么问题，进一步分析他们之间的关系就会明白为什么这么说。

虽然后来不怎么提及，但漫威宇宙首次引入斯科特·朗这个角色时，他的身份是一名罪犯。作为一个失败的电气技师，他尝试涉足盗窃行业，之后再次失败，锒铛入狱。他最初成为蚁人的契机是从汉克·皮姆的实验室里窃取了他的装备，为的是救出唯一能够治愈凯茜(当时的她还是个孩子)的心脏病的医生。[②] 从那时起，朗尽其所能地教导凯茜区分是非，这是他自己付出巨大代价才懂得的道理。他的努力得到了回报，斯科特成功向他女儿灌输了坚定的道德观、社会责任感，以及自愿牺牲自己的少年时光以帮助陌生人的精神。凯茜始终明确一点，那就是她之所以成为一名超级英雄，就是因为父亲对她的教育，这也促使她选用了自己父亲的旧版制服，既为纪念他的英勇，又是在向世界宣告，是斯科特·朗成就了现在的她。简而言

---

① 严格来说暴怒(Rage)的年纪更小，只有 14 岁，但他的真实年龄被发现后就被降级安排到了新战团(New Warriors)。

② *Marvel Premiere* #47 - 48 (April - May 1979).

之，如果凯茜没有斯科特这样的父亲，她很可能并不会成为超级英雄。

想要理解斯科特对于凯茜的影响，可以从希腊哲学家亚里士多
33 德(Aristotle)(公元前 384—前 322)的经典学说入手。亚里士多德相信，虽然我们也许会天生倾向于按某种方式行事，但我们的道德品质基本上是通过习惯性模仿形成的。亚里士多德认为我们会通过观察模仿那些已经具有道德良习的人们学习如何行善。这一观点近年来再次受到了哲学界的关注，并被命名为**道德典范主义**(moral exemplarism)。[①] 道德典范主义者强调，当我们与强有力的道德模范为伍时，我们极有可能开始形成与这些典范相似的行为模式。这就是我们在凯茜身上看到的。有蚁人作为她的父亲及道德典范，凯茜能成为易身女这样的超级英雄也不足为奇了。

道德典范主义包含的哲学概念也有助于我们理解父母责任问题上令人费解的矛盾之处。如果我们从朗的角度看待皮姆与奥创、万磁王与他的孪生子女，那么父母对于子女的发展是否负有责任的决定性因素就显而易见了。万磁王的基因创造出成功的后代，可谁在乎这一点？皮姆的脑波导致了邪恶机器人的诞生，但这不是他的错。我们不应该称赞万磁王，也不应该责备皮姆，因为他们都不是子女的道德(或不道德的)典范。我们称赞斯科特·朗，不是因为凯茜身上有他的基因，而是因为他为自己的女儿奠定了坚实的道德基础，树立

---

① 道德典范主义的现代解释可参见 Linda Zagzebski, "Exemplarist Virtue Theory," *Metaphilosophy* 41 (2010): 49-52。

了英雄为何而生又为何而死的榜样。[①] 假使斯科特并不是凯茜的生父，他也会因为**培养**了凯茜而值得称颂。

所以我们最后得到的答案是：如果家长有意识地尽力帮助自己的孩子成为更好的人，那他们理应受到赞扬，而如果他们在子女成长过程中没有做到这一点——或做出了给子女带来恶劣影响的行为，比如初代泽莫男爵——那他们理应受到责备。存在并活跃于子女生
活中的父母深深地影响着他们未来会成为什么样的人，这一点在复 34
仇者联盟的故事里可以找到许多例证。

同根相连

在闪回故事里，我们会发现斯科特·朗的队友黑豹特查拉也有类似的童年经历。在特查拉的成长过程中，他的父亲特查卡是时任黑豹，即瓦坎达的国王。作为日理万机的国家元首，特查卡仍旧在儿子的培养上亲力亲为。特查卡认为他的儿子应该在尽早的年纪懂得是非，以及理解身为民众的支柱意味着什么。因此，他们经常讨论这方面的话题，特查拉也总是跟随父亲到瓦坎达各地处理公务。就在某一次公务行程中，特查卡被尤利西斯·克劳(Ulysses Klaw)杀害。目睹父亲被害的特查拉下意识的本能反应正是他的父亲一直以来希

① 漫画里斯科特在复仇者解散(Avengers：Dissembled)事件中牺牲，之后被穿越时空的凯茜救活，而在随后对抗毁灭博士(Doctor Doom)的过程中，凯茜却牺牲了。——译者注

望在他身上看到的：他反将克劳的武器对准对方，救下了无数生命。① 但这并不是要将特查拉的成长全部归功于特查卡。在其生母死于难产后，特查拉便由他的继母拉蒙达（Ramonda）教养。拉蒙达按照特查拉父亲的旨意竭尽全力培养他，她也是特查拉得以不被弑父之恨吞噬的原因。时至今日，拉蒙达始终是特查拉最亲近的导师之一，也是少数几位他完全信任的人之一。

而代表着邪恶的另一面的，是泽莫男爵父子。父亲海因里希是一位纳粹科学家，第二次世界大战时期曾是美国队长的敌人。他最为人熟知的是导致了美队的昏迷及其助手巴基的假死，不光如此，他还为纳粹军队发明了大量超级武器。泽莫的残暴令其受尽鄙夷，甚至在战时其他德国人的眼中也是如此，所以他不得不戴上面具掩盖
35 自己的容貌（不过十分可笑的是，他并没有隐瞒自己的姓名，因此并不能彻底做到默默无闻）。海因里希有一个儿子，名叫赫尔穆特，并且与你想象中的纳粹一级战犯一样，海因里希给儿子灌输的是雅利安人（Aryans）至上的教育理念。雪上加霜的是，海因里希还会虐待赫尔穆特，将自己束缚在面具之下的怒火与挫败发泄到自己儿子身上。

也与你想象的一样，长大后的赫尔穆特没有形成健全的人格。当他得知美国队长仍然在世时，二代泽莫决定寻求正义——在他父亲教育下形成的扭曲概念——试图杀死美国队长。起初他变身为凤凰（Phoenix），后来将他父亲的制服加以改进，成为新一代泽莫男

① 这段故事被反复提及，最近一次是在 *Black Panther*, vol. 4, #1－6 (April－September 2005), reprinted in *Black Panther: Who Is the Black Panther* (2009)。

爵——复仇者联盟的宿敌之一——并且不断纠缠罗杰斯以及之后的巴基（美国队长的继任者）。①

薪火相传

关注与引导是人格塑造的关键，复仇者联盟的领导者很早就意识到了这一点。钢铁侠和美国队长会破例招募前科犯或问题分子加入复联这个大家庭，以求为他们提供指导，帮助他们成为英雄（以及防止他们变成更大的麻烦）。

成员名单上的首个重大变动就是猩红女巫、快银以及鹰眼（克林特・巴顿）的加入，他们与美国队长并称为“美队的疯狂四重奏”（Cap's Kooky Quartet）。② 会数数的人都会发现，那可是两个恐怖分子加上一个窃贼啊。但对复仇者联盟的忠实粉丝来说这无须赘言：他们三个人都已改过自新，加入过多个不同阵容的复仇者团队。之后加入联盟的前科犯包括此前提到过的斯科特・朗、俄罗斯间谍兼窃贼黑寡妇（Black Widow）娜塔莎・罗曼诺娃（Natasha Romanova）、奥创的后代幻视［他加入复联的那一期也就是他作为反 36

① 他在 *Captain America*, vol. 1, #168 (reprinted in *Essential Captain America* Vol. 4, 2008)中是凤凰的身份，在 *Captain America*, vol. 1, #275 中成为新一代泽莫男爵。

② *Avengers*, vol. 1, #16 (May 1965), reprinted in *Essential Avengers* Vol. 1 (1998). 钢铁侠在这一期里也尝试招募海王纳摩（Namor），可他拒绝加入。尽管纳摩也许并不是一个反派（漫威角色与漫威读者在这一点上有所分歧），但众所周知他有着很严重的情绪问题，无法控制自己的愤怒。

派首次出场并袭击黄蜂女(Wasp)的那一期]、剑客(Swordsman)(美队的疯狂四重奏打败的第一个反派)以及埃里克·奥格雷迪(Eric O'Grady)——第三代蚁人——不过这位是为了个人利益冒充超级英雄。①

为何美队、托尼以及其他复仇者敢于邀请这些问题人物甚至是犯罪分子加入团队,相信他们能够保守秘密,危险来临时能够提供后援?在我们的传统认知里,复仇者联盟的任务是保护那些无辜的平民。但一直以来,他们似乎另有一项任务,即为迷失方向的年轻人担当道德典范的角色。② 托尼·史塔克就是出于这个想法,在斯科特·朗出狱后的第一时间向他提供工作机会,请他为复仇者大厦安装安保系统。③ 斯科特等人的成功案例也充分证明了道德典范主义确实具有实际意义。

在这些案例中,鹰眼可能是最成功的一个。在他的复仇者生涯初期,他对于自己受到监管这一点愤恨不已,更是不停找美国队长的麻烦。在那段时间里,他觉得自己没有得到应有的尊重,屡次退队,以此证明他无须帮助也能够成为英雄。面对这些令人反感的行为,美国队长依然不断鼓励他。久而久之,鹰眼成了最值得信任的复仇者之一。当在西海岸组建第二队复仇者的时机到来,幻视决定由鹰

① 分别参见 *Avengers*, vol. 1, #19 (August 1965), #36 (January 1967), #57 (October 1968), #100 (June 1972)及#195 (May 1980)。(除了#195 外,都收录于 *Essential Avengers* volumes。)

② 有关救赎的话题,参见本书中丹尼尔·P. 马洛伊所著章节《宽恕者集结!》以及安德鲁·泰耶森所著章节《美队的疯狂四重奏:有可能改邪归正吗?》。

③ *Avengers*, vol. 1, #181 (March 1979), reprinted in *Avengers: Nights of Wundagore* (2009).

眼召集并领导这支队伍。① 鹰眼也因此十分重视为他人提供第二次机会：当雷霆特攻队——一个由号称已改过自新的超级反派组成的团队——出现时，他给予支持，像当初美国队长对待他那样接纳他们。②

现在我们应该清楚了，道德典范并不一定是父母或血亲。我们
倾向于根据子女的行为品性赞赏或指责他们的父母，是因为现实中
的大多数父母确实是子女的道德典范。父母通常是孩子在性格形成
关键期接触时间最长的人，一张白纸的我们自然会仰慕这些关心自 37
己的人。但是我们也清楚，并且越来越清楚，在这个继亲家庭普遍存在的现代社会中，担任这种给予支持与关爱角色的人有时可能并不是父母。特查拉的继母拉蒙达就是一个很好的例子。虽然她不是特查拉的亲生母亲，但她在他的生活中填补了这一母性角色，并且无疑充当了他的道德典范，在其生父离世前后都是如此。万磁王是旺达和皮特罗的父亲，但绝不是他们的道德典范——美队及其他复仇者才是。重要的不是血缘关系，而是所作所为。复仇者联盟告诉我们，为他人提供清晰的指引与示范会产生绝佳的效果，会让看似最不可能共处的个体之间形成家人般有力的持久关系。

---

① *Avengers*, vol. 1, #243 (May 1984).

② 参见 *Thunderbolts* #22 以及 *Avengers*, vol. 3, #12(均于 1999 年 1 月出版，后者收录于 *Avengers Assemble* Vol. 2, 2005)。

父辈罪孽？[①]

有关皮姆和万磁王的案例，我们可能会这么想：虽然我们不能说这两个人对于子女的成长负有道德意义上的责任，因为他们没有参与后代的教养，那或许我们**可以**说他们依然负有责任，因为他们缺席了孩子的人生。但实事求是地讲，皮姆和万磁王在这一点上也许应该被排除在外，因为万磁王并不知道自己孩子的所在或如何找到他们，而奥创的童年时期汉克正在，呃，睡觉呢。不过我们的大意是，父母难道没有养育子女的义务吗？

事实上，没有，或者说至少不是每个人都有。道德典范会对其模仿者的发展造成巨大影响。养育后代是一项艰巨的任务，说实话，这不是所有人都能胜任的。想想泽莫男爵的家族传统吧。海因里希的恶劣榜样深深影响了赫尔穆特，将其塑造成一个深陷困境、极度阴郁
38 的危险人物。如果海因里希能意识到他并不是做父亲的料，能把他的孩子交给正常家庭抚养，那他是不是多少值得表扬一下，而不是像现在这样万人所指？我们是不是都应该给万磁王寄一张感谢卡，感谢他**没有**养育旺达和皮特罗？想象一下，如果他们是听着亲爱的老爸那些统治世界的睡前故事长大，这个世界现在会是什么样子？

漫威宇宙里的一些人物也认同这一点。反派卢基诺·内法里亚

① Sins of the father，源自《圣经》，指代代相传的罪孽，现多被化用于流行文化中。——译者注

伯爵(Count Luchino Nefaria)希望他尚在襁褓中的女儿朱莱塔(Giulietta)能有机会过上普通人的生活，而他知道这是他无法给予的。所以他将女儿交给富有的拜伦与洛蕾塔·弗罗斯特(Byron and Loretta Frost)夫妇收养。直到弗罗斯特夫妇死后，内法里亚无法继续袖手旁观，以亲生父亲的身份来到她身边，朱莱塔才开始了她的恶性循环，最终沦为反派面具夫人(Madame Masque)。①

即使你并不是一个道德败坏的反派，有时候将子女交由更具资格、更能帮助他们的人抚养同样是负责任的表现。如果你仔细想想，其实大部分父母多多少少都是这样做的。我们将自己的孩子送到学校学习知识，因为我们不可能无所不知。我们聘请钢琴老师或足球教练来让孩子习得我们并不具备的技能，因为他们能填补我们的不足之处。还有，当孩子需要额外的帮助时，我们会找来心理医生或言语治疗师，甚至根据孩子的需求送他们去特殊学校学习。没有人会指责聋哑儿童的父母将子女送往专为听障人士设立的学校。如果一定要说什么的话，这往往会被视作伟大的牺牲，尤其是在这些孩子离开家长的时间会比在普通学校就读更久的情况下。

漫威宇宙中也有明确与之相似的情节。X 教授(Professor Xavier)及其他 X 战警(X-Men)的领导者都在从事培养他人的子女这项事业，而我们绝不会指责这些父母将孩子送往泽维尔天赋学校(Xavier School for the Gifted)。相反，我们会乐意看到这些孩子的

---

① *Iron Man*, vol. 1, #18 (October 1969), reprinted in *Essential Iron Man* Vol. 3 (2008).(实际上内法里亚伯爵送走自己女儿的另一层原因是，他觉得自己的继承人应该是男性。——译者注)

39 父母能够意识到自身的局限性，让自己的变种人子女接受他们需要的指导，学习如何应对及控制自己的能力。我们也会感到庆幸，这些父母愿意以牺牲亲密的亲子关系为代价，为自己的孩子提供最好的机会。

在现实世界里，将子女交给政府或亲属抚养的家长常被严判为失格的家长。虽然放弃父母责任这样的行为背后肯定会有许多并不高尚的理由——例如自私或懒惰——但在有些情况下，将自己的亲生孩子交付到比自己更有能力的人手中，可能是作为家长所能做到的最有意义也最有勇气的事情。这种说法可以追溯至摩西与纸莎草的故事①，并且无疑值得流传至今，尤其有助于我们从各个角度思考父母责任这一问题。

到此结束

复仇者联盟是漫威宇宙中的精英超英团队，最为优秀、最具希望、最有力量的英雄都会以加入其中为荣。但美国队长和钢铁侠总会特地招募一些“未知数”，一些有着粗劣过往且失去方向的年轻人。他们冒险培养这些年轻人，通过有力的指导以及团队提供的支持，这些道德方面的问题分子变身为地球最强大的守护者。鉴于他们之中

---

① 在《圣经》中，摩西的母亲为了保护他，将他放在纸莎草做成的摇篮里，投入法老的女儿素常游泳的河边芦荻中，最后摩西果然被法老的女儿救起并收养。——译者注

许多人的亲生父母都与英雄二字有一定距离——会有比万磁王距离更远的吗？——我们现在可以明确一点，即指引你前进的人比给予你生命的人更能影响你的发展。并且，基于这一点，我们不应该想当然地褒贬一个人的亲生父母，合理的对象应是他理性或道德意义上的“父母”，无论这两个身份是否重合。理解这一点后再来看虎女的
幼子威廉(William)：亲生父亲是扮作汉克·皮姆的斯克鲁人(拥有 40
皮姆的DNA)，养父是真正的汉克·皮姆，对他来说哪一种情况更糟糕？① (呃，能选万磁王吗？)

---

① 参见 *Avengers Academy* #7 (December 2010), reprinted in *Avengers Academy: When Will We Use This in the Real World*? (2011)。

第二部分

谁是复仇者？

4 43

超英同一性：复仇者案例研究

史蒂芬·M. 纳尔逊(Stephen M. Nelson)

身处漫画书店里的你会看到过去50年出版的《复仇者联盟》漫画都陈列其中。早期封面上的创始成员在半个世纪后的今天依然陪伴着我们，并且几乎容颜未改，这看上去是不是有些怪异？你会不会好奇：这些超级英雄**真的**没有换人吗？当然没有，你会这么说——就拿钢铁侠举例吧。《复仇者联盟》第1辑第1期和第4辑第1期（分别出版于1963年9月和2010年7月）封面上的他或许装甲不同，但装甲之下的都是托尼·史塔克，所以还有什么问题吗？

不过，如果我们再看一些其他复仇者的例子，以及他们这些年所经历的变化，起初似乎显而易见的事实会开始令人感到疑惑。有两种不同的特殊情况会动摇我们最初斩钉截铁的答案。首先，有些超
级英雄曾被不同的人物“扮演”过，比如美国队长。[①] 其次，有些人物 44
拥有多个不同的超英身份，比如亨利·“汉克”·皮姆。这两种情况

① 比如上文提到过的史蒂夫·罗杰斯、巴基·巴恩斯、以赛亚·布拉德利等。——译者注

都会导致**同一性**(identity)问题，或者说会让我们思考作为一位超级英雄意味着什么。一个人可以拥有多个超英身份吗？一位超级英雄可以是许多人吗？幸好我们能够运用一些哲学方法解决这一系列问题，我们将从**个人同一性**(personal identity)的本质开始研究，即作为一个人究竟意味着什么。

身体即一切，不是吗？

针对同一性——个人或其他范畴——这一概念的讨论最早出现于**形而上学**的领域，在那里，哲学家们困惑于什么才是现实的本质。"同一性"这个词有许多义项，但对于形而上学来说最重要的那一个也是数学所关注的。我们甚至称之为**数量同一性**(numerical identity)，因为我们探讨的是两个事物在一段时间内实际上是同一个事物。比方说，你可能会发现刚才向你挥手的那位女性与向你售出你的第一辆车的女性其实是同样的人。这种情况的另一种说法是，这两位女性是**同一的**(identical)。

哲学家在讨论个人同一性问题，也就是在一段时间内作为同一个人意味着什么的时候，会提出各种理论，以求抓住这个问题的本质。在对于个人同一性的各类解释中，颇有竞争力的一种就是"身体"理论("body" theory)，即认为一个人的身份应通过他或她的身体来确认。所以在一段时间内作为同一个人，便意味着在那段时间内具有同样的身体。

那么身体理论如何适用于初代美国队长史蒂夫·罗杰斯这样的

人？让我们将没有注射超级士兵血清的那个瘦弱男孩称为“史蒂维”(Stevie)，注射血清后的健壮男人称为“史蒂夫”(Steve)。史蒂维与
史蒂夫在外形上并不相像，生理构成也不尽相同。所以，如果身体理 45
论要求两具身体的形象或构成完全相同，我们只能说史蒂维和史蒂夫**不是**同一个人。但如果这一理论能再周全一些，能考虑到正常的生长过程及细胞再生，或许就可以解释为什么史蒂维和史蒂夫**是**同一个人：前者发展成后者，因此身体是相同的。

对于身体理论的质疑主要来自哲学家约翰·洛克(John Locke)(1632—1704)提出的一个思维实验，在这一实验里，我们设想人们能够互换身体。① 假设某天醒来，史蒂夫·罗杰斯和汉克·皮姆体内分别是对方的记忆与人格。在复仇者晨会上，看上去是汉克·皮姆的人开始回忆起二战时期打击纳粹的经历，而看上去是史蒂夫·罗杰斯的那个人则讲起了他的妻子珍妮特(Janet)②。详细询问后，大家都意识到发生了什么——罗杰斯和皮姆交换了身体。(复仇者的日常罢了。)那么谁又是谁呢？

如果我们认为身体理论是正确的，那么我们**必须**承认皮姆身体里的才是皮姆，罗杰斯也是一样。但这似乎又有些怪异，在皮姆身体里的人没有作为皮姆的记忆，我们却不得不说那就是皮姆。这个人的行为言语都像是罗杰斯，而且会否认自己是皮姆。这种情况令哲学家们转而寻求其他理论，比如以记忆、个性等一系列心理属性为基础的学说。

---

① 洛克的例子是一位王子的灵魂或意识存在于一个鞋匠的身体里，参见 *An Enquiry Concerning Human Understanding* (1690)，book 2，chapter 27，section 15。

② 即黄蜂女珍妮特·凡·戴恩(Janet van Dyne)。——译者注

我喜欢的是你的内在，真的

让我们将身体理论的这一有力竞争者称为“心理”理论（“psychology” theory）。这种理论认为我们内心的某个层面是我们作为个体的本质，因此在不同时期保有这种特质就能保有个人同一
46 性。（这一理论的支持者对于**哪一种**心理特质才是关键意见不一，但这就不属于我们在此关注的范畴了。）这能更好地解释皮姆与罗杰斯的身体互换事件，因为在这一理论的前提下，我们会认为皮姆的身份等同于他的记忆与个性，无论它们存在于哪一具身体中。不过心理理论的困境将会在另一个例子里得到说明。

假设皮姆发明了一种复制机器，能够取出一个人的大脑并分成两半，以此创造出两个全新的大脑——每一个都与原本的大脑一模一样，同时保留了主人所有心理特性。我们可以设想皮姆就像这样为自己创造出两个新身体并分别放入新的大脑。最终，我们会得到两个全新的人，每一个都与汉克·皮姆内心一致。

很遗憾，如果我们认为心理理论是正确的，那么有关这两个新皮姆的说法就会遇到问题。他们之中有与原版汉克·皮姆同一的吗？如果有，是哪一个？他们不可能**都**与皮姆同一，因为这样一来他们彼此也必须是同一的。并且由于他们是**两个**人，他们便明显不是**同一个人**。他们都拥有皮姆的内心，却似乎并没有什么优先性——他们的所有权完全平等。

身体理论与心理理论是解释个人同一性的两种主要候选学说，

但并不是唯二的选择。我向这两种理论提出的难题也许并不是无法克服的。你可能已经想到我们应该如何修正身体理论以解决互换身体的问题，或是改进心理理论以解决复制人的问题。这些都是富有成效的想法，但接下来就让我们根据此前讨论的，看看如何将之适用于超级英雄，而不仅仅是“普通”人。①

揭开超英同一性的披风理论 47

我们刚才讨论汉克·皮姆与史蒂夫·罗杰斯时，是把他们视作个人，而非超级英雄角色。现在让我们重新回到本章开头的问题：超英同一性是什么？如何解决诸如皮姆的多重英雄形象或美国队长头衔的多个持有者这类令人费解的问题？

在超级英雄的案例中直接引入个人同一性的某种理论是否有效，比如身体理论或心理理论？很遗憾，这些理论很难抓住我们的重点。歌利亚和黄蜂侠显然是两个不同的超级英雄，但他们的担任者都是不同时期的汉克·皮姆。皮姆在不同时期的自身同一性并不等同于不同时期超级英雄的同一性，否则我们很难说明歌利亚与黄蜂侠是不同的超英身份（即使他们也许是由同样的人担任的）。另一方

---

① 有关个人同一性理论，有两部非常易于理解的作品，即约翰·佩里（John Perry）所著 *A Dialogue on Personal Identity and Immortality* （Indianapolis：Hackett，1978），以及厄尔·科纳（Earl Conee）与泰德·塞得（Ted Sider）所著 *Riddles of Existence：A Guided Tour of Metaphysics* （Oxford：Oxford University Press，2007）的第一章。

面,美国队长这一超英身份曾由史蒂夫·罗杰斯(最主要的)以及约翰·沃克(John Walker)①、巴基·巴恩斯②等人担任。如果美国队长仅仅意味着一具躯体,或是一系列心理属性,那么他就不可能"是"不同的人(具有不同的身体及心理特征)。但显然有过许多人以"美国队长"为名,所以我们需要采用一种新的同一性理论。

如果超英同一性与个人同一性并不是一回事,那它到底是什么?我们也许可以参考我们探讨超级英雄的方式,再结合我们看待个人同一性的角度,同时注意作为超英与作为个人是不同的事情。超级英雄就像是一种**表面形象**(persona),像是穿着一件**披风**(mantle),
48 比如我们会说:"20 世纪 70 年代早期,大卫·鲍伊(David Bowie)脱下了名为齐格·星辰(Ziggy Stardust)的披风,在几年后采用了瘦白公爵(Thin White Duke)这一形象。"③鲍伊作为表演艺术家创造了各种舞台形象,他们都不仅仅是鲍伊本人——他们展现出的那些特质超越了扮演者本身。

是什么让这样的披风得以在一段时间内存续?如果不是因为披风下的身体或个性,那么超级英雄的本质究竟是什么?提出这样的问题后,两个要点引起了我们的注意。第一点,超级英雄的披风必须**合身**,也就是说,它必须是**超级英雄**的披风。第二点,穿着超英披风的人必须具有一定**正当性**(legitimacy)。并不是所有人都能穿上美国队长的制服,**成为**美国队长。成为超级英雄必须要有一定的程序。

---

① 后期及主要身份为美国密探(U. S. Agent)。——译者注

② 主要身份为冬日战士(Winter Soldier)。——译者注

③ 大卫·鲍伊(David Bowie)(1947—2016),英国著名歌手、演员,常在发行作品的同时创造出各种标志性的虚拟形象。——译者注

合适与正当这两个要点让我们不再拘泥于个人同一性的种种理论。

让我们进一步研究这两个要点。披风的合适性(appropriateness)就是我们通常将超级英雄与之关联的一些要素。首先是某种形式的超能力或特殊技能，比如超级力量、闪电速度、精通武器，等等。一位超级英雄需要在某一方面非凡出众。超级英雄还必须是合理意义上的**英雄**，以此区别于超级反派。所以我所说的“合适”其实就是我们对超级英雄的期待——超英披风就是一种或多种特殊能力以及某种英雄主义，某种我们称其为超级英雄的理由。

至于如何“正当地”穿上这样的披风就很难界定了，不过我们可以比照知识产权上的一些规定。如果我发明了一件新产品，我便持有这件产品的正当所有权，因为事实证明是我创造了它；或者如果我创作了一件艺术品，我也相应持有它的正当所有权。大卫·鲍伊的 49
例子就完美诠释了这一点，因为他是齐格·星辰这件披风唯一正当的所有人。他或许可以将披风转交给其他人，让他们能够以齐格·星辰的身份举办演唱会、制作专辑，但如果有人在未经鲍伊同意的情况下这么做，那就是不正当的(也就是说，我们不会认同这样的人**是**真正的齐格·星辰，因为鲍伊才是)。推而广之，我们可以根据披风的来源与背景确定它的正当性，这件披风必须是这个人“应得”的，无论是身为创造者，还是由权威人士赋予[比如美队在克林特·巴顿的“某次死亡”后将披风——弓与箭——交给凯特·毕肖普(Kate Bishop)]。①

① *Young Avengers* #12 (August 2006), reprinted in *Young Avengers: Family Matters* (2007).

现在我们得出了一个理论——我们称之为“披风”理论——它会帮助我们更好地解决汉克·皮姆与美国队长的问题。这一理论的目的是抓住超级英雄的本质,如同身体理论与心理理论力图抓住人的本质。如果我们能够实现这个目标,那么这些令人费解的案例很可能会迎刃而解。

案例分析一:超级士兵

美国队长是漫威宇宙中最具标志性的超级英雄之一,而史蒂夫·罗杰斯是这身爱国主义制服最初也最主要的穿着者。但他不是唯一的穿着者。1987 年,史蒂夫·罗杰斯放弃了美国队长这一身份,由约翰·沃克接任,不过一年半以后罗杰斯又回到了他原来的位置。2007 年,史蒂夫·罗杰斯被宣告死亡,在他消失的那几年里,他的老搭档巴基·巴恩斯成为新一任美国队长。罗杰斯回归后,巴基继续担任美国队长,直到在大事件“恐惧本源”(Fear Itself)中“死”于与罪恶(Sin)及大蛇(Serpent)的对战。在这之后,史蒂夫再一次披上星条旗。①

50 那么约翰·沃克与巴基·巴恩斯**真的**是美国队长吗?还是说他们是三位不同的超级英雄,但都叫作“美国队长”?根据披风理论,我

---

① *Fear Itself* #3 - 4 (August - September 2011), reprinted in *Fear Itself* (2012). 那时的史蒂夫不知道的是,濒临死亡边缘的巴基被尼克·弗瑞救活,之后用回他在担任美国队长前的身份“冬日战士”(*Fear Itself* #7.1, January 2012)。

们需要考虑两个要素以确定他们是否为同一位超级英雄：合适性与正当性。他们适合穿着这件披风吗？他们是从正当途径获得它的吗？

合适性问题关注的是，披风穿着者是否具有相应的能力以及是否能够称为英雄。就美国队长来说，这一角色具备的能力是一系列超乎常人的生理特征，比如罗杰斯通过超级士兵计划获得的力量与敏捷。（擅于使用圆盾也是一个关键点。）沃克和巴恩斯都能满足这些要求，同时也为这件披风增添了个人色彩（沃克远比罗杰斯更强壮，巴基则精通枪械）。披风之下，他们都表现出了适度的英雄主义。沃克与巴恩斯的过去都不是完美无瑕的，但这些瑕疵对于超级英雄来说是很常见的。重要的是，在身披超英披风时，他们应当成为英雄，如果总是不能做到这一点，他们的超英身份就会陷入危机。

美国队长这一个身份下有着不同的人物，这让正当性这个问题更加耐人寻味。对于沃克来说，机会来自一个代表着政府的委员会，这个机构的职能是管理美国境内的“超人类资源”①，当时的他们正在寻找接替罗杰斯的美国队长继任者。政府担心在罗杰斯以卸任表达抗议后他们会在舆论上受到非议，便选定了沃克——又一位典型美国青年，自创的代号是超级爱国者（Super-Patriot），颇具美国队长的风格。政府提议由沃克接任美国队长，后者欣然接受，并与委员会成员瓦莱丽·库珀（Valerie Cooper）进行了如下对话：

① 即超人类活动委员会（Commission on Superhuman Activities）。这个机构要求作为美国队长的罗杰斯为政府工作，罗杰斯便放弃了美国队长这一身份，而这一切其实是罗杰斯的宿敌红骷髅（Red Skull）在背后操纵的结果。——译者注

51 沃克:我就不能不改名字、不换制服吗?

库珀:不行,美国队长是一种历经数十年的传统,我们希望延续这种传统。你怎么说?

沃克:嗯……女士,如果山姆大叔需要我来当米老鼠,那我就是他要的那种美国人——那种靠得住的人。我什么时候开始?①

这一期最后,沃克穿上了美国队长的制服,被所有人称作美国队长。这样看来他确实**是**美国队长。

巴基则是另一种情况,但他的故事同样富有启迪性及决定性意义。在时任神盾局局长托尼·史塔克的支持下,巴基在2008年接过美国队长的披风。之后,即2009年,罗杰斯回归,公开认可巴基继任美国队长。② 所以在2010年,也就是我们关心着巴基的去留的那段时间里,史蒂夫·罗杰斯的超英身份类似于尼克·弗瑞(某种持有征用令的超英官员),而巴基继续担任美国队长。巴基的正当性首先来自史塔克声称罗杰斯会希望由他来继承美国队长这一称号,随后来自史蒂夫·罗杰斯本人的认可。

---

① *Captain America*, vol. 1, #333 (September 1987). 沃克的美队任期从这里开始,直到 *Captain America*, vol. 1, #350 (February 1989)这一期结束,这些全部收录于 *Captain America: The Captain* (2011)。[山姆大叔(Uncle Sam),美国的代称,缩写也是U.S.。——译者注]

② 罗杰斯的"死亡"发生在具有里程碑意义的 *Captain America*, vol. 5, #25 (March 2007)中,他随后在迷你系列 *Captain America Reborn* (2009 - 2010)中回归。巴基的任期开始于 *Captain America*, vol. 5, #33 (February 2008),罗杰斯对他的公开支持可参见 *Captain America: Who Will Wear the Shield*? #1 (December 2009)。

到了这里，我们可以看到达成正当性要求的两种不同方式——沃克的披风由政府委员会授予（之后也从他手中收回，交还罗杰斯），巴基由史塔克以及罗杰斯授予。在具体情境下，我们能够理解为何两种不同的程序都是正当的。美国队长的披风有时被认为归政府所有，但在某种意义上，它又是史蒂夫·罗杰斯的个人财产。鉴于此，在沃克与巴基的案例中，我们应当乐于承认他们也**的确是**美国队长，即便他们并不是史蒂夫·罗杰斯。

案例分析二：皮姆粒子 52

而在汉克·皮姆的案例中，我们会遇到完全不同的，或许也更加微妙的正当性问题。在过去50年里，皮姆曾是蚁人、巨化人、歌利亚、黄衫侠以及黄蜂侠，并且不时地在这些身份之间游走。[1] 皮姆是否同时持有所有这些超英身份，还是每一次只持有一个身份？我们如何能够判断这一问题？合适性是一个重要因素，但不是分析当下情况的关键所在，所以我将首先简单说明合适性的问题，之后再来详细探讨皮姆案例中正当性问题的微妙之处。

---

[1] 皮姆第一次作为蚁人出现参见 *Tales to Astonish*, vol. 1, #35 (September 1962)，而巨化人的首次出场参见 *Tales to Astonish*, vol. 1, #49 (November 1963)，均收录于 *Essential Ant-Man* Vol. 1 (2002)。皮姆的新身份歌利亚则在 *Avengers*, vol. 1, #28 (May 1966)中首次出现，而黄衫侠诞生于 *Avengers*, vol. 1, #59 (December 1968)，分别收录于 *Essential Avengers* Vol. 2 and Vol. 3 (2000 and 2001)。最后，他在 *Secret Invasion: Requiem* #1 (January 2009)中成为黄蜂侠。

所有这些角色显然都适于视作超英披风。第一，皮姆在过去50年里基本上是一位与复仇者并肩作战的英雄。① 第二，根据记录，我们可以说皮姆在大多数情况下都有能力完成超人类才能胜任的特殊任务，这也是他的身份所要求的。他自由改变身体大小的能力是通过所谓的皮姆粒子（Pym particle）实现的，这种粒子是一个叫作科斯摩斯（Kosmos）的次元的入口。皮姆发现了如何利用这些粒子将物质传送进科斯摩斯（缩小至蚂蚁的体积）以及如何将物质传送出来（放大到巨人的体积）。他的其他能力包括通过蚁人头盔与蚂蚁沟通，以电击的方式“蜇”人，还有身为黄衫侠时的飞行能力。这些科技手段则是基于他作为一位杰出科学家的个人能力。所以我们有理由认为他在任何时候都具备这些能力。

确定皮姆在同一时间究竟是一位超英还是多位超英的关键其实
53 是一个概念上的问题，与我们如何理解正当性有关。从披风理论的角度来看，“皮姆可以同时是多位超英吗?”这个问题就会变成“皮姆同时身穿多件超英披风是否正当?”。这里也会产生一个类似的个人同一性问题：假设皮姆患有多重人格障碍，那么这些人格都可以被视作不同的人吗？根据同一性的身体理论，“皮姆是多个人吗?”这个问题取决于他是否拥有多具身体，那他并没有；而根据心理理论，这取决于他是否具有多个心理属性体系，比如记忆或个性，那他也许有。

我们如何确定皮姆同时身穿多件超英披风的正当性呢？想一想

---

① 我之所以使用“基本上”这个词，是因为皮姆在这些年里经历过几次精神崩溃，导致他曾绑架珍妮特·凡·戴恩（之后不久他们便结婚了）（*Avengers*, vol. 1，#59），甚至殴打她[*Avengers*, vol. 1, #213 (November 1981), reprinted in *Secret Invasion: Requiem*]。

披风或者说表面形象的含义吧。大卫·鲍伊可以同时展现齐格·星辰和瘦白公爵这两个形象吗？当然不能。这两个形象的外貌举止都是完全不同的。齐格·星辰是魔幻迷人的外星生物，而瘦白公爵是高贵气派的疯狂之人。除了这两个形象的巨大差别之外，表面形象的概念也说明了一个人在同一时间只能采用一种形象。你的形象——无论耀眼还是平凡——是你面对这个世界的脸孔，而同一时间的你只会拥有同一副面孔。

超英披风与鲍伊的形象非常相像，而这种同一时间唯一形象的限制也适用于超英披风。皮姆不可能同时结合蚁人与巨化人这两个身份，原因很简单，前者是缩小了身体的超英，后者是放大了身体的超英。人物自身如何看待身份的转变也支持了披风理论下的这一观点，即一个人在同一时间只能成为一种超级英雄。即使在不那么明确的情况下，比如皮姆从巨化人转变为歌利亚（这种转变几乎只体现在名称与制服上），我们仍旧能看到超级英雄们——包括皮姆自己——都认为他放弃了巨化人的形象，拾起歌利亚这一身份。①

让我们看这样一个例子。皮姆变身为歌利亚后不久，发现自己被困在了十英尺的高度，这令他十分困扰。一位医生前来替他检查，当他到达地点后，美国队长与快银迎了上去，三人进行了如下交流：

---

① 皮姆有时候会接连使用缩小和放大能力，比如在最近的动画连续剧《复仇者联盟：地表最强英雄》（*Avengers: Earth's Mightiest Heroes*）中，他以蚁人的名义穿着蚁人的制服，但也不时地变大，这让他可以被称为蚁人，也可以被称为巨化人。那这种情况下我们该怎么看？目前看来，皮姆从蚁人到巨化人再到蚁人的转变似乎太过迅速，以至于来不及更换制服。如果他一直这样做，那我们可能就认为他应当卸下这两个身份，采用一个新的，也就是同时具备缩小与放大能力的身份。（总而言之，他真是个天才。）

> 54 医生:我尽快赶来了,队长!病人在哪儿?
>
> 美国队长:卡尔森少校!我就知道你不会让我们失望的!不过这个病例有些特别,你听说过……巨化人吗?
>
> 医生:当然了!所以病人是他?
>
> 快银:队长,他现在不是巨化人了!他把名字改成了歌利亚……记得吗?①

当然,超级英雄变换身份后,人们往往还是会误用过去的名字来称呼他们,但快银的纠正有力地指出巨化人已经不复存在,并由歌利亚取代。

在另一位复仇者克林特·巴顿卸下鹰眼这一身份成为歌利亚时,我们也能发现这一点。(在这一时期,皮姆是黄衫侠,所以不会有两个歌利亚出现在同一时间,虽然在这之后会出现另一个歌利亚。)②巴顿暗自摄入了皮姆的放大血清变身为歌利亚,在他的复仇者同僚们得知此事后,皮姆问道:"可是鹰眼……你的弓箭手生涯怎么办?"巴顿将他的弓折成两段作为回答,之后皮姆又说道:"那么再也没有叫作鹰眼的复仇者了!而且,既然我不得不放弃放大能力——看上去我们的团队里有了新任歌利亚!"③可见,所有人都很自然地接受了巴顿穿上歌利亚的披风,就意味着他脱下了鹰眼的披

---

① *Avengers*, vol. 1, #29 (June 1966), reprinted in *Essential Avengers* Vol. 2.

② 应指最为人熟知的一代歌利亚比尔·福斯特(Bill Foster)。——译者注

③ *Avengers*, vol. 1, #64 (May 1969), reprinted in *Essential Avengers* Vol. 3。更多有关克林特·巴顿的身份危机问题参见本书中马克·D. 怀特所著章节《箭之道:鹰眼与道家大师的相遇》。

风。并且，折断弓弩这一做法尤其明确了他不会尝试将两件披风融合，创造出一个新的超英身份，比如巨化弓箭人——他不会裁剪这两件披风，仅仅是把这一件换成了另一件。①

你是下一任歌利亚吗？

我们已经看到披风理论的要点是如何解释说明了各种有趣的案例，包括多重超英身份以及由多人担任的超英身份，那么我们的结论是什么？披风理论是探究超英同一性的唯一途径吗？当然不是，但 55
它确实比我们一开始讨论的个人同一性理论更有意义。由于超级英雄并不是普通人——他们是人们采用的表面形象——我们不应认为个人同一性的理论能够完全适用于超级英雄。（他们适应普通人的生活已经够费劲了！）但通过研究个人同一性的理论，我们发现了在超级英雄同一性问题上我们应该讨论什么——幸好我们不用探讨超英制服问题，不然我们得用一整本书来讲初代黄蜂女珍妮特·凡·戴恩！②

---

① 同样重要的一点是，皮姆作为创造了歌利亚这一超英身份的人，明确认可鹰眼成为新一任歌利亚，使得巴顿的这一转变具备正当性。

② 感谢在我写作这篇文章期间与我进行有益讨论，为我提出各种建议的人们，他们是哲学家罗伊·T. 库克（Roy T. Cook）、彼得·W. 汉克斯（Peter W. Hanks）、伊恩·斯通纳（Ian Stoner）、杰森·斯沃特伍德（Jason Swartwood），以及超级英雄粉丝布兰登·布厄林（Brandon Bueling）、凯茜·加斯科（Casey Garske）、桑德拉·马尔博（Sandra Marble）、马特·纳尔逊（Matt Nelson）。

57

5

油墨铸成：女浩克与元漫画

罗伊·T. 库克(Roy T. Cook)

珍妮弗·沃尔特斯(Jennifer Walters)，亦称惊人女浩克(Sensational She-Hulk)[前身为狂野女浩克(Savage She-Hulk)]，是一位律师、赏金猎人、演员、复仇者及神奇四侠(Fantastic Four)前成员。珍是漫威漫画中最重要的女性超级英雄之一，更棒的是，她自己知道这一点。

等等，珍“自己知道”是什么意思？意思是她不仅仅与蜘蛛侠、美国队长以及表兄无敌浩克一样，是(虚拟)世界上最著名，可能也是最强大的超级英雄之一，她还**知道**自己是漫画书里的角色，并且能够巧妙地利用这一点。简单来说，珍是**元漫画**(metacomic)之星。我们将探索珍的这种“超能力”，分析她的自我意识如何揭示漫画的本质。

58

什么是元漫画?

想要理解**元漫画**这一术语，我们最好从头开始。哲学里，“元”

(meta)一词至少有两种不同却相关的义项。其中简单一点的——与该词语的希腊语原意相当接近——意思是“之上”(beyond)或“关于”(about)。比方说，**形而上学**(metaphysics)就是有关现实本质的理论，在物理学(physics)及其他科学之上的理论。**元伦理学**(metaethics)则指有关道德判断与道德实践的理论，而不仅仅是研究道德行为或特定的道德选择。术语**元人类**(metahuman)①指的是漫画中拥有超越凡人的能力的人，也属于这一范畴。

不过，“元”还有一种更加特殊的用意。比如某个术语 X，那么“元 X”的意思就是“关于 X 的 X”。所以**元数据**(metadata)即关于数据的数据，**元数学**(metamathematics)即关于数学体系自身的数学研究，而**元语言**(metalanguage)即描述及研究其他语言的语言。以此类推，元漫画就是某种意义上关于漫画的漫画。元漫画是**元小说**(metafiction)的一种，当代文学批评家帕特里夏·沃(Patricia Waugh)称之为任何一种“以质询小说与现实的关系为目的，自觉而系统地使人关注其自身作为人为作品的地位的虚构文字”。② 因此，元漫画即任何一种使人关注其自身某方面或自身创作过程的漫画，故事的这种“元”角度不仅仅是为了推动剧情发展，也是为了促使读者思考或质疑叙事的本质。

将漫画变成元漫画的简单办法就是，让主角意识到他或她自己是漫画中的角色。这种自我意识通常由“打破第四面墙”(breaking

---

① DC 漫画中的术语，与漫威漫画中的变种人(mutant)含义类似。——译者注

② Patricia Waugh, *Metafiction: The Theory and Practice of Self-Conscious Fiction* (London: Routledge, 1982), 2.

the fourth wall)①展现，元小说意义上具有自我意识的角色会直接与读者或作家、艺术家、编辑对话。在约翰·拜恩(John Byrne)创作
59 《惊人女浩克》期间，以及丹·斯洛特(Dan Slott)近期创作的《女浩克》里(更微妙)，珍就拥有这种自我意识。然而有意识地打破第四面墙并不是珍独有的能力，在漫威宇宙里还能见到其他例子。变种人杀手死侍(Deadpool)同样会与读者直接交流，并且知道自己是漫画书里的角色。② 不过珍的能力不仅限于知道自己是虚拟角色，除此之外，她能够利用这一认知通过某些特殊方式操纵漫画世界。

为何具有元小说意识的复仇者会引起哲学家们的兴趣？**美学**(aesthetics)，也就是有关艺术本质的哲学性研究，最近将注意力从有关艺术的一般性问题③转向了艺术个体本身，包括强调一种艺术形式与另一种艺术形式之间的差异。④ 所以，哲学家以及其他学者开始关注漫画与元漫画也就不足为奇了。⑤

---

① 第四面墙指沿舞台台口的一面不存在的墙，因一般写实的室内场景只有三面墙，而直接与第四面墙外的观众互动即为打破第四面墙。——译者注

② 有关死侍的元小说奇遇可参见 Joseph J. Darowski, "When You Know You're Just a Comic Book Character," in *X-Men and Philosophy: Astonishing Insight and Uncanny Argument in the Mutant X-Verse*, ed. Rebecca Housel and J. Jeremy Wisnewski (Hoboken, NJ: John Wiley & Sons, 2009), 107 - 123。

③ 比如"所有艺术作品之所以成为艺术的共同点是什么?"这类问题。

④ 可参见 Peter Kivy, *Philosophies of Arts: An Essay in Differences* (Cambridge: Cambridge University Press, 1997)。

⑤ 可参见 M. Thomas Inge, *Anything Can Happen in a Comic Book: Centennial Reflections on an Art Form* (Jackson: University Press of Mississippi, 1995), and Roy T. Cook, "Comics Are Not Film: Metacomics and Medium-Specific Conventions," in *The Art of Comics: A Philosophical Approach*, ed. Aaron Meskin and Roy T. Cook (Hoboken, NJ: John Wiley & Sons, 2012)。

与大多数艺术形式相较而言，漫画里的传统元素似乎尤其丰富。对于由印刷在二维页面上的无声静止画面构成的艺术媒介来说，填写着想法与对话的气泡、文字形式的拟声词、运动线条以及画格边框，都是呈现声音、动作、时间与空间的传统工具。了解这些漫画叙事的传统方式，有助于我们进一步评析与理解我们所阅读的漫画。有关元漫画的研究有望成为这一方向上极具价值的方法。毕竟，若想领会这些叙事传统手法的作用，最佳方式就是看一看它们是如何被惊人女浩克扭曲、打破、颠覆的！

你的封面被吹开了，珍

约翰·拜恩的元小说疯狂之旅开始于《惊人女浩克》第 1 期
(1989 年 5 月)的封面，画面上的珍手握几本 X 战警漫画书，对漫画
书店的顾客说道："好吧，听着，这是你的第二次机会。如果你这次不 60
买我的书，我会冲到你家，撕掉你所有的 X 战警漫画。"①珍知道自己
是这本漫画的主人公，并且打破了第四面墙，试图劝说犹豫不决的买
家购买她这本书。此外，她还高明地提及现实——也就是**我们
的**——世界里漫画行业众所周知的事实。她知道自己上一个系列
《狂野女浩克》销量不佳，而同一时期的 X 战警相关漫画创下了销售

① *Sensational She-Hulk* #1 (May 1989)，收录于 *Sensational She-Hulk* (2011)，内含该系列的前八期漫画。(实际上在作者提到的这期封面上，珍妮弗所持漫画是一本她自己的女浩克漫画书，而非 X 战警漫画书，但与读者对话部分无误。——译者注)

纪录。这说明珍不仅知道她的世界里发生了什么，还相当清楚我们的世界里发生了什么！

不过，封面通常会偏离其下漫画的实际内容。所以如果这期封面是《惊人女浩克》中唯一的元小说元素，那么它或许并不值得注意。但不必等候多时，我们就会看到漫画故事里的元小说内容。比如临近第 1 期结尾处，珍发现戒指大师（Ringmaster）和他的罪恶马戏团（Circus of Crime）是受人雇佣前来测试她的能力限值的。她便抱怨道："某个匿名坏蛋准备花 300 万美元搞清楚我有多厉害……我知道这是什么套路！至少第 3 期之后我才会发现那是谁！虽然你们这些读者可能在下一页就知道是谁了。"我们当然知道啦！

接下来的两期同样包含了元小说内容。在第 2 期（1989 年 6 月）的封面上，珍正在通过阅读《无敌浩克》的漫画了解表兄布鲁斯·班纳（Bruce Banner）的近况，巧妙运用了漫威宇宙中漫画书即真实事件的历史记录这一点。更有趣的是第 3 期（1989 年 7 月）中的一段情节，珍自第 2 期结尾遭到袭击后恢复了意识。她起初担心自己昏迷了一个月，也就是她所在的这种漫画月刊两期之间所隔的时间。
61 最终珍自我安慰道，事实并不一定如此，因为漫画里的时间进度（两期之间可能仅隔数天甚至数小时）与现实世界是不同的。结合这一点，以及她的客串嘉宾蜘蛛侠已经出场这一事实（这意味着本期漫画内容已经过半），她确定自己只昏迷了不到一天。简而言之，珍根据她掌握的漫画计时方式判断出在自己失去意识的那段时间里发生了什么。

“读者正在看着呢！”

这已经足够神奇了，但第 4 期（1989 年 8 月）的故事更加不可思议。在第六页上，梦幻般迷人的地方检察官托尔斯对珍进行了工作面试。面试后，珍说起她没想到这么快就能遇到自己的恋爱对象。这时托尔斯的助理路易丝·“威基”·梅森（Louise “Weezie” Mason）告诉珍，托尔斯已经结婚了。在下一页的第一幅画格里，珍问道：“他什么时候结婚的??”威基回答：“就**刚才**吧我觉得。这件事**是**第一次被提到。”威基的回应表明她和珍一样，知道自己是漫画中的人物，也反映出她对于真实在虚构中的运作方式有着深刻的理解。虽然珍在此之前并没有见过他们两人，但威基和托尔斯在第 2 期和第 3 期中出现过。由于前几期里并没有提及托尔斯的婚姻状态，在这几期出版后也就无从得知他是否已婚。总而言之，拜恩其实可以创作另一个版本的第 4 期，让单身的托尔斯与珍谈一场恋爱！威基意识到她在上一页的言论使得托尔斯已婚成为事实。并且，威基的意思想必也不是说托尔斯是上一秒才结婚的。相反，他应该一直就是已婚状态，只不过这一事实在第 4 期才被（补充）发现。 62

元小说的奇异之处继续体现在第二幅画格中。接着，珍大叫道：“什么?!? 拜恩!! 你搞什么呢?!?”同时试图爬出画格揍拜恩一顿。威基一边控制住她，一边试着让她冷静下来：“珍!! 克制你自己！我们是油墨和颜料做的！印刷出来的！读者正在看着呢！”这里有很多有意思的地方，包括威基与珍共同再次展现的元小说式自我意识，以及珍与拜恩的直接对话(不过我们要等到第 50 期才能看见拜恩和珍一起出现在同一个画格里)。这一画格还表明珍是能**看见**拜恩的。通常来说,我们认为画格是某种单向窗口。我们可以通过这些小小的矩形看见珍的世界里发生的事,但漫画人物理应无法反向看见我们,更不用说爬出画格攻击我们了!

而最有意思的地方是威基说的话,威基认识到漫画作为印刷品的性质让托尔斯的婚姻状态不仅不由珍控制,也不再由拜恩控制。在故事发生时,漫画已经被印刷、包装,销售至读者手中。值得注意的是,威基明确提到的三个元素——油墨、颜料、印刷——是漫画创作过程中不由拜恩这样的编剧及线稿创作者直接控制的几个方面。所以,没有人能改变剧情了——拜恩也不能!威基知道在某种意义上她没有自由意志,她在第 4 期接下来 15 页里的想法、言论、行为都已经被决定好了,因为这些都已经变成油墨与颜料印刷成册。她的未来已在计划之中,并由油墨永远地固定下来。

63 跳跃间隔以及更多奇妙故事

让我们将第三与第四画格一并考虑,因为有必要把它们视作一个整体。第三画格中困惑不已的珍感到词穷:“但……但是……但是……”威基回应道:“你看上去完全乱了阵脚,这样是没法回家去的。来吧……我请你吃午饭,一起聊聊。”与前两个画格不同,此处的对话没有什么不寻常的地方。不寻常的地方是威基如何拉着她身后的珍一路从第三画格的办公室来到第四画格的餐厅里。威基只用一步就跨越了这段距离，她跨过画格之间的间隔，右脚踏在办公室的地板上，左脚踏在餐厅的地板上。在珍与威基所在的虚拟世界里，餐厅与办公室之间显然不止两三步的距离。但在页面上，它们之间的距离连一英寸都不到。威基与珍能够意识到她们世界里相距甚远的两个地点有时在页面上十分接近，并利用这一点。对她们来说，在页面上穿梭比在城镇内穿梭便捷多了。

珍与威基跨越间隔、打破漫画书传统的做法促使我们思考，从一个画格到下一个画格的转换在一般情况下，也就是非“元”漫画中是如何运作的。我们通常会假设，如果一个人物在相邻的两个画格中出现在不同的地点，那么就表示时间和距离也都有所变化——这种假设则被威基与珍跳跃间隔型的交通方式颠覆。珍与威基能够将画面之间的空白视为**她们**世界的一部分，而非**我们**世界的一部分，使我们注意到在理解漫画时，画格转换以及我们基于此所得出的假设如何起到了关键性的作用。①

第五个画格中，威基开始向困惑恼怒的珍解释整件事情。威基 64
曾是金影(Blonde Phantom)，一个黄金时代②的漫画角色，由时代漫画(Timely Comics)连载于1946年至1949年期间(《金影》确实是黄金时代的漫画书，时代漫画则是漫威漫画的前身)。③ 她最终结束了打击犯罪的事业，嫁给了自己的老板马克·梅森(Mark Mason)侦

---

① 有关漫画中间隔作用的深刻探讨，参见 Scott McCloud, *Understanding Comics: The Invisible Art* (New York: Harper, 1993), ch. 3。

② Golden Age，美国漫画界的黄金时代，自20世纪30年代后期伊始，1950年左右结束。超级英雄漫画在这段时期兴起，大量标志性的角色被创造出来，包括超人、蝙蝠侠、美国队长等。——译者注

③ *The Blonde Phantom* #12 - 22 (December 1946 - March 1949).

探。不再在月刊漫画中出现的她与丈夫逐渐老去。看着她的丈夫去世，其他时代漫画的英雄，比如美国队长、海王纳摩却都重生了，威基决定操纵剧情，以期出现在珍的漫画里，不再继续老去。

这个策略成功了，威基的年龄不再增长。事实上，她甚至在后面几期里重获青春了！威基显然同样知道并且能够利用漫画书中的一些传统，例如漫画角色通常不会衰老这一点。在《惊人女浩克》里出现的她也让我们有机会回顾主流超英漫画过去 80 年的发展历程。尤其让人怀旧的一段情节发生在同一期的稍后部分。战斗中的威基用一种傲慢且不当的口吻问到，珍的制服为何不会撕裂，珍便给威基看了缝在她内衣上的漫画法典(Comics Code)标签，提醒我们在威基自己的漫画书那个年代，并不存在这种行业强制的自我审查制度。①

别惹女浩克生气……

拜恩接下来创作的《惊人女浩克》漫画包含了更多奇妙的元小说曲折情节。珍能够穿梭于次元之间，从现实中被抹除后能够再次出现，她会撕开印有漫画的纸页，从裂口中钻出。② 她能够识别外层空间的各种区域，注意到拜恩重复使用了之前某一期的背景画面。③

---

① 漫画法典管理局(Comics Code Authority)于 1954 年成立，成员出版商需要提交漫画书进行内容审查，通过审查的漫画会盖上管理局授权的印章。直到 2011 年，所有出版商都终止了参与关系。——译者注

② *Sensational She-Hulk* #5 (September 1989) and #37 (March 1992).

③ *Sensational She-Hulk* #40 (June 1992).

其中最有趣的元小说故事发生在拜恩的最后一期作品里。 65

第50期(1993年4月)开头，《惊人女浩克》的编辑勒妮(Renee)告诉珍，拜恩去世了，所以他们需要为这本漫画选择一位新画家。她向珍出示了一沓样张(在漫画中均以满版画面的形式出现)，数位颇具影响力的漫画创作者——特里·奥斯汀(Terry Austin)、霍华德·柴金(Howard Chaykin)、戴夫·吉布森(Dave Gibbons)、亚当·休斯(Adam Hughes)、霍华德·麦基(Howard Mackie)、弗兰克·米勒(Frank Miller)、温蒂·皮尼(Wendy Pini)以及沃尔特·西蒙森(Walt Simonson)——以不同的画风呈现了珍的形象。特里·奥斯汀的创作格外有趣：他是一位经常与拜恩合作的画师，他笔下的珍和其他角色是E. C. 西格(E. C. Segar)的《顶针剧院》(*Thimble Theatre*)(大力水手)连环画风格，其中以行星吞噬者(Galactus)的形象出现的温皮(Wimpy)吞下了夹在巨型汉堡中的月亮。① 奥斯汀将珍与其同伴描绘成《顶针剧院》里的角色，迫使我们直面主流超英月刊漫画与日报连环画的差异。这一页尤其点明了一个令人费解的事实，那就是日报连环画的内容通常比漫画书更荒诞，但在传统上却拥有比主流超英漫画更高的文化地位。在第50期的结尾，珍发现拜恩其实是被绑了起来关在一个壁橱里。当珍最终看到他对于女浩克漫画的重新诠释时——将她改名为小小女浩克，并把她和其他配角都画成小孩子——她将拜恩扔出窗外，极具讽刺意味地杀死了自己的“创作者”。

---

① 温皮是《顶针剧院》中一个爱吃汉堡的角色。行星吞噬者是《神奇四侠》中的一个超级反派。——译者注

拜恩离开后,《惊人女浩克》仅仅持续了十期。珍不得不等到2004年才能在又一个个人系列里担当主角,不过等待是值得的。自2004年连载至2007年,丹·斯洛特在《女浩克》中展现的角色延续了拜恩元小说角度的玉色女巨人(Jade Giantess)[①],不过方式更加微妙。在斯洛特的故事中,珍能够在法庭上使用盖有漫画法典印章的漫画书作为依法采信的历史文件。[②] 某一期封面再次描绘了珍的威
66 胁,如果你不买她的书,她就撕掉你珍藏的所有漫画(不过这一次是各种内战线刊而不是X战警漫画了)。[③] 贯穿这一切的是珍的新工作,专为被捕超级反派辩护的律师,这为进一步恶搞超英漫画叙事方式的立意与传统提供了背景。

女浩克的能力是什么?

细想拜恩与斯洛特笔下珍的个人奇遇会发现更多问题。拜恩与斯洛特故事中奇异的元小说部分真的发生过吗?如果是真的,那么珍在《复仇者联盟》漫画里出现时也有这样的元小说能力,只是选择不去使用?还是说珍的元小说个人奇遇仅仅是假想故事,与漫威长期连载的《假如》(*What If*)系列漫画相似?或者这只是珍与威基共

---

① 女浩克的一个别称。——译者注

② *She-Hulk*, vol. 1, #2 (April 2004), reprinted in *She-Hulk Vol. 1: Single Green Female* (2004).

③ *She-Hulk*, vol. 2, #8 (May, 2006)的另一版封面,reprinted in *She-Hulk Vol. 4: Laws of Attraction* (2007)。

同的幻觉？

我们可以为这些问题换上稍微确切一点的说法。一部虚拟作品，比如小说或漫画，可被视作从某个角度描绘了一个假想或虚构世界，这个世界里发生的事情正如虚拟作品中描写的那样。漫威漫画出版的大部分故事都以较为复杂的方式相互交叠，意图描绘一个独立庞杂的虚拟世界——漫威宇宙。珍出现在《复仇者联盟》及《神奇四侠》中时似乎并不拥有任何特殊的元小说能力，但是，在少数展现她这些特性的漫画故事里，她的行为会令其他非“元”角色感到不解，或者被描绘成有些精神失常。①

因此，在上文所讨论的女浩克故事是否真的发生过这一问题上，长期以来争议不断。这些故事所描写的虚构事件是否与其他更传统的复仇者故事中的事件发生在同一个虚拟宇宙中，还是说它们是在
描述另一个虚拟世界（也许是珍想象中或误以为自己所在的某个世 67
界）？可以想见，互联网时代让这样的争论愈演愈烈。幸好我们无须陷入在线论坛粉丝讨论版的泥沼之中，因为有更加权威的资料可供我们参考：《漫威宇宙官方手册》(*Official Handbook of the Marvel Universe*)。

首版《官方手册》于1982年发行，自那以后，无数修订版、增补版陆续出版。《官方手册》涵盖了漫威宇宙大大小小各种角色的详细履历及数据，出自这本独立成册参考书的相关节选往往会作为“附赠资料”收录于平装本重印合集的最后几页。如果我们能够认为，并且似乎有理由这样认为，《官方手册》就是判定漫威宇宙各项事实的决定

---

① 可参见 *Damage Control*, vol. 2, #3 (January 1990)。

性材料，那么我们只需要找到珍妮弗·沃尔特斯的条目（实际上她被列在“女浩克”这一条目下），参考有关她的能力描述即可。

事情却没有那么简单。更新后的《官方手册》不仅会包含上一版没有的信息，甚至之前版本中的一些事实在之后的版本中不再是事实，这种情况被我们称为重新设定（retroactive continuity），或简称为**重设**（retconning）①，即后续故事（往往与时间旅行或极其强大的宇宙存在有关）改变了前期故事里的某些事实，或者说至少改变了我们对这些事实的解读。珍就曾是这种重设下的牺牲品。在《非凡X战警》（*Uncanny X-Men*）第435期（2003年12月）里，她与红坦克（Juggernaut）发生了关系，但之后又揭示说那其实是平行世界的另一个珍·沃尔特斯。② 不过，虽然过去的事情是否发生这一事实也许会被未来的奇特事件改变，以及导致《官方手册》的修订，但或许某一人物在某一时刻拥有的能力不应该有什么变化。或者说，我们可能会这样去想。

68 如果我们查阅《官方手册》，会发现即使是这样的决定性资料可能也没有我们期望中那么具有决定性。收录于2002年5月出版的单行本《石头人与女浩克：漫漫长夜》（*Thing and She-Hulk*：*The Long Night*）中的《官方手册》上珍的条目这么写道：

> 女浩克与［威基］梅森都曾认为她们以及周围的人是漫画书

① Retroactive continuity的字面翻译为“追溯连贯性”，但在中文语境中，“重新设定”更符合这一术语的含义，故作此译法。——译者注

② *She-Hulk*, vol. 2, #21 (September 2007), reprinted in *She-Hulk Vol. 5*: *Planet Without a Hulk* (2007).

> 中的角色，但这种幻觉大大削弱了她的战斗能力，现在她似乎已经不再受此影响。①

但七年之后，收录在 2008 年《漫威百科全书：复仇者联盟》(*Marvel Encyclopedia*: *The Avengers*)里的《官方手册》中，珍的条目又包含了以下有关她超能力的描述：

> 女浩克能够利用卵形人(Ovoid)的灵魂互换技能与其他人类交换身体，似乎还拥有感知异次元观者视线的能力，与其表兄对于灵体的可视能力类似。珍希望在她的后一种能力上保持低调，因为与看不见的读者对话会令她身边的人感到不安。

这段描述不仅提到珍的元小说自我意识是她的一种超能力，并且试图在漫威宇宙的背景条件下合理化这一超能力，将之与无敌浩克对于超自然实体的感知能力进行类比。

珍可能正在读这一章

我不会试图确定珍的元小说奇遇是否真实发生了，虽然一位深陷幻觉的女性不大可能成功平衡律师事业与复仇者联盟及神奇四侠

---

① 单行本 *Thing and She-Hulk*: *The Long Night* (May 2002), reprinted in *The Thing*: *Freakshow* (2005)。

的成员角色。但我要指出的是，这个问题不仅仅是一个漫画迷对于
69 漫威设定细节的担忧（不是说他们的设定就没问题了！）。这是一个更加深刻的难题。如果珍个人故事中的元小说部分是想象或是幻觉，那么这就让元小说的可信度陷入被质疑的境地，因为元小说被认为准确记录了虚拟世界中根据描述理应发生的事情。因此，我们需要重新评估元小说内容对于描述某种虚构作品旨在描述的虚拟世界的作用。考虑到漫画及文学、电影等其他艺术形式中元小说与日俱增的出现频率与重要程度，这或将深深影响我们理解叙事的方式。也许更重要的是，这会深深影响我们如何理解珍妮弗・沃尔特斯，惊人女浩克——以及可能还会影响她如何理解自身。①

① 感谢罗布・卡拉汉（Rob Callahan）、爱丽丝・莱伯-库克（Alice Leber-Cook）、史蒂芬・纳尔逊（Stephen Nelson）以及来自明尼苏达大学莫里斯分校（University of Minnesota-Morris）的读者们，感谢你们为这篇文章提出的有益反馈。

6 71

诺曼·奥斯本的自我堕落：警示录

罗伯特·鲍威尔(Robert Powell)

这或许是漫威宇宙史上关乎人类存亡的最大威胁：斯克鲁人发动了一场精心设计的战争，意图实现他们占领地球的宗教预言。利用随意变化自身外形的能力，他们假扮成我们熟知且信任的超级英雄潜入我们的世界，为全面入侵做准备。随后发生的地球之战将改变漫威宇宙未来数年的格局。

斯克鲁人入侵事件造成的后果之一——除了英雄彼此之间的信任
与团结不复存在——是地球保护机构的垮台与腐化。在斯克鲁人入侵
的余波下，神盾局解体，前身为绿魔的诺曼·奥斯本获得了“王国的钥
匙”：负责管理全国安全问题。他立刻将神盾局重组为天锤局，召集马基 72
雅弗利①式的反派组建邪恶内阁，成立自己的复仇者团队——黑暗
复仇者——冒充诸如金刚狼、蜘蛛侠这样的真正英雄。我们会在本
章中看到，奥斯本的“黑暗王朝”是一篇具有哲学教义的警示录。

① 马基雅弗利(Machiavelli)(1469—1527)，意大利政治思想家，主张为达政治目的可以不择手段。——译者注

奥斯本的诡辩术与黑暗王朝

奥斯本的掌权令人想起柏拉图对话录里的某些主题,对话的主人公是柏拉图的老师苏格拉底以及高尔吉亚(Gorgias)(公元前483—前375),一位雅典演说家。高尔吉亚是最早的**诡辩家**(Sophist)之一,发扬了以游说见长的修辞学派,因倾向于追求个人利益而忽视真实的内在价值而受到苏格拉底的批判。

苏格拉底严格区分了**技巧**(craft)[或技艺(art)]与**机巧**(knack)这两个概念。前者是为了创造价值所付出的真正努力,而后者只是对于技巧的模仿。诡辩术所做的,比如高尔吉亚的那些巧舌如簧,腐蚀了个体,限制了他们接近真相的能力,也腐蚀了社会,以劣等品替代真实的努力。高尔吉亚的门生波洛斯(Polus)极力为诡辩派辩护,声称任何人都会艳羡诡辩家的游说能力,这种可以任意监禁他人并没收其财产的能力。在波洛斯眼中,这一能力代表了理想中的诡辩家,也是这种"技艺"的价值所在。但苏格拉底坚守立场,指出这样的诡辩家只会令人感到同情而非欣赏,因为他们毫无自制力,最终也将失去所有权力。

诺曼·奥斯本与波洛斯理想中的诡辩家有很多相似之处。他不仅利用自己的新职位,以牺牲整个社会为代价达到个人目的,还以假
73 乱"真",通过推翻神盾局及复仇者联盟这样公认的超英组织来实现这一点。此外,无论是在斯克鲁人入侵之时还是之后,奥斯本都证明了自己精通公关宣传,擅长利用花言巧语掩盖事实真相。奥斯本的

首都保卫战是正合时宜且记录在案的，他射杀斯克鲁女皇的一幕也被摄像头捕捉了下来，而在几分钟之前，托尼·史塔克被目击离开战场去修理他的装甲——这些都确保了奥斯本上台成为天锤局局长。① 值得注意的是，仿佛一种诡辩范式，在整个黑暗王朝时期都没有揭示天锤局究竟代表什么意思。尽管如此，它的形象是应对社会忧虑与不安的一个组织，也是一个以安全为名不择手段的组织。

第一个被奥斯本招募进天锤局的人是维多利亚·汉德（Victoria Hand），她因批判尼克·弗瑞的"柔和"政策而为神盾局高层知晓。汉德被奥斯本授予副局长一职，并接受了她的第一项任务：

> 我希望肃清所有异见分子。我希望组建一支大军，以备夺回这个世界。而没有做好准备的人们将被取代。我需要一份有关五十州别动队的详细报告……我希望你处理天空母舰，史塔克公司这只下金蛋的鹅，我想看到它化作碎片……你按照我的想法，全面投入生产。我要这些金红色永远消失。②

---

① *Thunderbolts* #125 (December 2008), reprinted in *Thunderbolts Vol. 3: Secret Invasion* (2009), and *Secret Invasion* #8 (January 2009), reprinted in *Secret Invasion* (2009). 有关奥斯本操纵公共信任的更多内容，参见本书中莎拉·多诺万与尼克·理查森所著章节《照亮黑暗复仇者》。

② *Dark Avengers* #1 (March 2009)；整个系列均收录于精装版《黑暗复仇者》(*Dark Avengers*)(2011)中。[奥斯本话语中提到的五十州别动队(Fifty State Initiative)是钢铁侠在内战后组建的团队，由仿生机器人及注册派超级英雄组成，计划分布到美国50个州执行超英任务；天空母舰(Helicarrier)是神盾局的著名战舰，由史塔克科技公司制造；金红色应指钢铁侠的装甲颜色，也可能代指钢铁侠本人。——译者注]

奥斯本计划圈地式地在这个世界上留下自己的印记，警惕地守卫自己的“王国”，以防任何敢于反对他的人入侵。为了实现这一点，他还召集了黑暗复仇者，以反派代替复仇者成员（比如假冒鹰眼的靶眼），再加上一些反复无常或精神失常的原班复仇者（分别以阿瑞斯与
74 哨兵为代表）。最后也最合乎其本性的是，奥斯本改装了史塔克留下的装甲，配上红、白、蓝的图案，将自己命名为钢铁爱国者（Iron Patriot）。

分裂的奥斯本

奥斯本对于宣传手段的过度依赖甚至可以说依附，造成了一种空洞的假象，而他深陷其中，努力维持这一假象，同时放弃了任何形式的自我修养。我们必须记得，他的上台过程涉及窃取情报或其他英雄的装备。事实上，他的夺权策略大多与操纵或腐化已有的制度相关。这样看来，奥斯本的意图与行为皆是柏拉图所著《亚西比德篇》（*Alcibiades*）中亚西比德这一人物的写照，这篇对话录关注的是真实的重要性。

亚西比德是一位年轻傲慢的雅典贵族，在与苏格拉底交谈后，惊讶地发现自己对于正义所知甚少。在苏格拉底一系列巧妙的问题下，亚西比德暴露出他对于自己想要公然谈论的事物的根本概念一无所知。苏格拉底试图将亚西比德引向更具道德的方向，告诫他对于名望的贪婪与渴望是盲目的，并且这种贪婪与渴望来源于自我认知的缺失。亚西比德则将自己与其他雅典官员同僚相比较，苏格拉底回应道，亚西比德这样做实际上是在损害自己，忽视了城邦面临的

问题。他告诉亚西比德，一个人的成长只能通过自我反思与批判来实现，他的身边通常还会有一位寻求最佳利益又不为阿谀奉承所蒙蔽的朋友。[1]

奥斯本没能像亚西比德那样受到苏格拉底的教导，他的案例可以说是一篇警示录。与亚西比德相似，奥斯本试图抓住一切机会大施其威，不去考虑使社会更有益、更和谐的做法。他上任后以解决个
人积怨为优先，并将维护国家安全当作借口。比如乌托邦事件后，奥 75
斯本向纳摩寻私仇，以维护国家安全的名义屠杀了亚特兰蒂斯人。[2]不幸的是，没有人像苏格拉底劝诫亚西比德那样劝诫过他。奥斯本身边缺少一群令他保持正轨的挚友，相反，围绕着他的大多是与他一样的反派，他们不会质疑他的目的与行为，并且随时准备在他即将到来的失败时刻各取所需。

表面上，奥斯本似乎是一位正直忠心的政府官员，但表面之下的他与自己的另一重人格绿魔一样恶毒。从这个角度看，他与哨兵罗伯特·雷诺兹类似，后者也拥有一个名为虚无（Void）的第二人格。对于雷诺兹（这个身体）来说，每一次行动都会产生相等却相反的副作用。哨兵的任何善行都会导致虚无同等的恶行。[3] 创造出美国队长的超级士兵血清的加强版赋予了雷诺兹“百万恒星爆炸之力”，但也催生出虚无这个人格。多年来雷诺兹一直试图与之抗争，控制自

---

① *Alcibiades*, in Plato, *Complete Works*, ed. John M. Cooper (Indianapolis: Hackett, 1997), 132e－135e. 下文柏拉图的引言部分均有标注标准页码，所以你可以在任一权威译本中找到相应段落。

② *Dark Reign*: *The List—X-Men* (November 2009), reprinted in *Dark Reign*: *The List* (2010).

③ *Sentry* #1－5 (2000－2001), reprinted in *The Sentry* (2005).

己的能力。在之后的黑暗复仇者系列里，奥斯本主动向雷诺兹提供“帮助”，即一种全新的配方，而实际上这将把哨兵的控制权全部交给虚无。① 我们可以想见奥斯本为何选择腐化哨兵，一个令他想起自身痛处的人。奥斯本也一直在与绿魔争夺自己心灵的控制权，尤其是在倍感压力的时期。

在早期任务中，奥斯本向雷诺兹保证虚无不会出现，但当雷诺兹在屠杀亚特兰蒂斯恐怖分子这件事上犹疑时，诺曼告诉他：“鲍勃，你什么都不必做……我们现在需要他。我们需要借上帝之手将这些混蛋打入地狱。”②看到奥斯本扰乱雷诺兹的心智，让他不必为虚无的行为负责，我们也不会感到意外了。得知具有英雄气概的诺-瓦尔，也就是奥斯本的惊奇队长离开黑暗复仇者团队后，他躲回自己的私
76 人住处，与绿魔人格交战：“不，不……我才是主宰。我。不是你。我，我是主宰。”绿魔回应道：“哦诺曼……诺曼，诺曼，别开玩笑了。我在这里，我一直在这里。”③奥斯本释放哨兵邪恶的一面，或许也为绿魔的取而代之扫除了障碍，令他不必为自己后来的所作所为负责。

喧宾夺主的绿魔

你成功了……你刀枪不入，不可触及。自由世界的领导者

---

① *Dark Avengers* #13 (March 2010).

② *Dark Avengers* #6 (August 2009).

③ 同上。

> 将花费数十年才能达到你现在的成就。
>
> ——洛基[1]

组建自己的复仇者团队，树立保卫国家的强大英雄形象，奥斯本的方程式只差一个环节，一场伪战争。当洛基——伪装成绿魔人格——煽动精神低谷的奥斯本在未经总统准许的情况下对阿斯加德发起攻击后，一切圆满了。

阿斯加德围城事件是诺曼·奥斯本诡辩术的最后一座纪念碑，他以国家安全为名蓄意令国家陷入危险之中。为了体现自己在守卫国土方面的成功，他选择主动置国土于危险之地，制造出自己能够解决的威胁。更严重的是，没有适当的保障机制能阻止他这么做，这是我们看到白宫如何应对围城事件后意识到的问题。了解到奥斯本拒绝服从指示后，总统质问其团队他们接下来有何方案。[2] 其中一位职员哀叹道，通常遇到这样的事件时他们会召集复仇者联盟，但讽刺的是，现在他们由奥斯本指挥。

围城之战开始前，哨兵的妻子林迪透露，她的丈夫在被血清改造 77
为哨兵前是个瘾君子：

> 毒品之后……就变成了力量。他对哨兵成瘾了。他在这件事情上的控制力就跟之前那件事一样。所以这就是问题的答案不是吗？谁是哨兵？谁是虚无？这就是不配获得力量的人获得

---

① *Siege: Loki* #1 (June 2010), reprinted in *Siege: Battlefield* (2010).

② *Siege* #1 (March 2010), reprinted in *Siege* (2010).

力量后的结果。[①]

林迪对于雷诺兹的分析与评价同样适用于奥斯本及其余黑暗复仇者,让我们得以从透视角度看待阿斯加德围城事件,点明了为什么事情会朝着灾难性的方向发展。询问过虚无后,奥斯本了解到林迪是雷诺兹意识控制的最后支柱。为了保全他最珍贵的武器,奥斯本让靶眼(他的假鹰眼)尽情放纵杀戮本能,杀死了林迪。[②] 将所有武器准备妥当后,奥斯本打响了他的围城之战,最终凭借虚无控制下的狂暴哨兵的帮助,摧毁了阿斯加德。

在围城之战期间,阿瑞斯得知奥斯本在这场针对神祇同胞的袭击中利用了他。当海姆达尔(Heimdall)——能够感知九界万物的阿斯加德人——告诉他,他现在所做的并不是从疯狂的洛基手中拯救阿斯加德,反而是在协助洛基时,他感到震惊且愤怒。[③] 面对他的倒戈,虚无将阿瑞斯撕裂为两半,这一切还通过电视直播被阿瑞斯的儿子福波斯(Phobos)[尼克·弗瑞的秘密勇士(Secret Warriors)之一]看到。出于报复,这位年轻神祇攻击了白宫。无法与总统当面对质的福波斯留下了一张便条,谴责对方所做的决定导致了如今奥斯本引发的一连串事件:

尊敬的凡人国家元首,我今日到此是为了向您说明您过去

---

① *Dark Avengers* #13.

② *Dark Avengers* #14 (April 2010).

③ *Siege* #2 (April 2010), reprinted in *Siege*.

> 数月的做法所带来的所有实际后果……当然，命运眷顾您以及 78
> 那些被我饶恕的人。但在您洗净双手上沾染的我父亲的鲜血之前，我希望您能反思是什么致我们于此地。您为了利益牺牲荣耀。您以决心交换草率。您错了，而我们都因此受难。①

福波斯的留言对象不仅是美国总统，更是整个国家体制，这一体制允许不足以、不适合获得权力的个人得到权力。围城事件也让原班英雄人马得以放下过去的分歧，在紧要关头通力合作，结束黑暗王朝，开启英雄时代（Heroic Age）。

自食恶果

最终，奥斯本——格言式的亚西比德与诡辩家——因贪得无厌而一败涂地，被自己创立的夺权组织（比如黑暗复仇者及邪恶内阁）背叛。他在缺乏自我控制与毁灭性地醉心于力量方面与哨兵如出一辙，在我们已知虚无控制了哨兵的情况下，发现奥斯本是受到绿魔的影响也就不足为奇了。

如果奥斯本能够克制自己的情绪，融入一个真诚的集体，在自我修养方面努力，他本可以成为英雄。可惜的是，在他的政权内部鲜有维多利亚·汉德这样的忠实伙伴，而进行自我反思与批判的机会更是少之又少。围城事件后受到监禁的他坦白了自己任职期间之所以

① *Siege: Secret Warriors* #1 (June 2010), reprinted in *Siege: Battlefield*.

这样做的理由,但这种扭曲的理由背后也只是对于漫威宇宙危机的夸大认知。① 奥斯本的阿喀琉斯之踵②是他的不安感,这导致了他面对各种不同力量之源的过激反应。他不会去完善理解这些潜在的强大力量之源,而是尝试将它们削弱、占有、破坏。最后,他的野心与
79 不安吞噬了他所有的英雄潜力。他拥有强大的能力,却从不肩负起随之而来的重大责任——尤其是对于他自己的责任。

① *Dark Avengers* #16 (July 2010) and *Osborn* #1 - 5 (January - June 2011, reprinted in *Osborn: Evil Incarcerated*, 2011).

② Achilles' heel,阿喀琉斯是古代希腊神话中的一位英雄人物,他的脚跟是唯一一个没有受到神水浸润的地方,后来在特洛伊战争中被人射中致命。现引申为致命的弱点或要害。——译者注

第三部分

复仇者只能复仇吗？

7 83

宽恕者集结!

丹尼尔·P. 马洛伊(Daniel P. Malloy)

我购买的第一本漫画书是一期《西海岸复仇者》(*West Coast Avengers*),《复仇者联盟》主刊之外长期连载的衍生漫画。我已经不记得漫画的内容或期数,只记得三件事:它花了我 75 美分(!),以某种悬念结尾,以及拥有非常酷炫的封面,这也是我选择购买的原因。封面上那完美的人物形象身着紫色,配有弓与箭。那时的我,甚至在(一遍又一遍)读完那本漫画之后,也并没有意识到封面上的人曾是一名反派。当然,在那本漫画书里不是这样,书中的他已经是一位公认的英雄,但在他被紫色包裹的生涯早期确实如此。多年之后我才发现,这位凭借形象设计及武器装备引领我进入漫画世界的角色——克林特·巴顿,名为鹰眼的英雄——最初实际上是一位反派。

鹰眼并不是复仇者联盟里唯一曾为反派的人。这些年来,多位
引人注目的团队成员——猩红女巫、快银、幻视、奇迹人(Wonder
Man)以及黑寡妇等——起初都是法外之徒。的确也有其他超级英 84
雄组织会从敌方招募队员,但不像复仇者联盟的频率如此之高,做法
如此明显。这一不容忽视的事实让我们有机会探究道德哲学中最吸

引人也最为棘手的两个问题——宽恕（forgiveness）与救赎（redemption），而这两个问题必须作为整体看待。没有宽恕，也就没有救赎，而不包含救赎的宽恕空洞无用。

时间旅行、重设与宽恕

与现实世界不同，漫画书里的世界是可以改变过去的。有时超级英雄或反派会回到过去改变或维持历史进程——这是征服者康（Kang the Conqueror）的惯用伎俩。更常见的是，作者认为过去发生了一些他们没能提到或笔下的角色不知道的事，所以他们填补空白，与其说是改变历史，不如说是（事后）补全历史。在最极端的例子里，作者出于某种原因觉得人物原先的背景故事失去了意义，便创作出全新版本。漫画迷——常常是以批判性的口吻——将这种处理称为重设，重新设定的简称，也就是修改过去的故事使其与现在的情节一致。漫画创作者的这一神乎其技也解释了为何鲜有超英或反派能在漫画里保持死亡状态——如果作者在当下的故事中找不到令他们起死回生的办法，那就改变之前的故事，让他们并非真正死去。

不幸的是，现实世界里的我们是几乎无法摆脱过去的。哎，我们可以否认或说谎，但我们确实无法改变过去的事件——过去发生的已经发生，而且未来也将一直如此。这就是哲学家汉娜·阿伦特（Hannah Arendt）（1906—1975）所说的“不可逆性的困境”

(predicament of irreversibility)。① 一旦发生某个事件或做出某个行 85
为,便没有了回头路。对个人来说,这种困境造成最大困扰的时刻就是当我们想要逆转自己的某种行为或某种影响到自己的行为时。谁不想回到过去,收回那些伤人的话语,或者说出那句离开聚会后才想到的绝佳反驳?谁不想避免遭遇抢劫或背叛?但我们无法做到。我们能做的最多是处理自己面对这些事件的感受。

鉴于我们探讨的是宽恕,那么便来重点关注一个人伤害另一个人的情况,或者至少是一个人感到被另一个人伤害的情况。以西蒙·威廉姆斯(Simon Williams)为例,也就是复仇者奇迹人,他与鹰眼一样原本是反派。在反派泽莫男爵的帮助下,西蒙在"离子能量"的作用下获得了超能力,并试图报复托尼·史塔克(又称为钢铁侠)。史塔克工业(Stark Industries)是威廉姆斯发明公司(Williams Innovations)的直接竞争对手,后者即为西蒙的家族企业。史塔克并没有进行不正当竞争——他只是提供了质量更好、价格更低或两者皆有的产品。但是,威廉姆斯坚信这一切都是史塔克的错,因此变身为奇迹人寻求报复。②

受到伤害后的我们会有多种应对方式,这些方式的出发点皆为一种基本甚或本能的反应:怨恨(resentment)。怨恨本身并非坏事。事实上,它可以被视作自我保护的重要部分——至少哲学家及约瑟夫·巴特勒主教(Bishop Joseph Butler)(1692—1752)是这样认为

---

① Hannah Arendt, *The Human Condition* (Chicago: University of Chicago Press, 1998), 236 - 243.

② *Avengers*, vol. 1, #9 (October 1964).

的。在巴特勒关于怨恨与宽恕的布道中，他强调怨恨不应被视为道德缺陷。怨恨仅仅是遭受伤害或委屈后的必然反应，并能指引我们在未来避免类似的情况。① 不过，如果我们放任过度的怨恨主宰自己的行为，那么怨恨也可能会变成一种道德缺陷，奇迹人的案例即是如此。过度的怨恨导致报复行为——而宽恕就是解药。

86 巴特勒观点中宽恕与怨恨之间的关联被大部分研究宽恕问题的当代哲学家视作福音（这里是双关——请原谅我吧）②，即便他们往往认为巴特勒的定义虽然准确但并不完善。比如理由（excuse）就给巴特勒的说法带来某种问题。我说的理由并不是指“狗把我的作业吃了”或“我头疼”这样的经典借口。在此处语境下，理由是某种作为或不作为背后的原因，而这种原因能够减轻或免除道德（或法律）责任。③ 比方说，由于幻视是奥创为了消灭复仇者联盟编程创造出的人造生化人，他或许不必为自己的行为负责，因此也就有了我们所说的理由。④ 就巴特勒对于宽恕的看法而言，理由造成的问题在于它们也能够抑制或减轻怨恨，但方式完全不同。我们必须补充巴特勒的说法，宽恕并非否认加害者的行为责任。

与此同时，宽恕与理由一样，暗含了某种反对的态度。当我原谅

---

① Bishop Joseph Butler, “Sermons Ⅷ and Ⅸ,” in *Fifteen Sermons* (London: Ware, Longman, and Johnson, 1774).

② 福音的英文 gospel 在宗教中指耶稣的事迹与教诲，现可引申为绝对的真理。——译者注

③ 有关理由的绝佳哲学讨论可参见 J. L. Austin, “A Plea for Excuses,” in *Philosophical Papers* (New York: Oxford, 1979), 175 - 204。

④ *Avengers*, vol. 1, #57 (October 1968), reprinted in *Essential Avengers Vol. 3* (2001).

某人时，我必须坚持我原谅的这种行为在根本上是错误的。它不会因为我的宽恕变得正确——宽恕不是纵容。这一点似乎是显而易见的，但人们依然不免为此感到困惑。以第二代黑骑士（Black Knight）戴恩·惠特曼（Dane Whitman）为例，为了向复仇者联盟证明他的价值，并弥补其叔叔（邪恶的前一任黑骑士）的罪行，戴恩潜入第二代邪恶大师进行卧底工作。[①] 在这样的情况下，戴恩极有可能不得不做出一些不道德的行为以加入团队——毕竟他们是**邪恶**大师。至少我们可以肯定戴恩必须欺骗其他邪恶大师成员。但这些做法无须被宽恕，我们会容许这些行为。无论戴恩犯下何种恶行，最终的目的都是 87
阻止邪恶大师犯下更邪恶的……呃，你懂的。

美队可以宽恕他的疯狂“三”重奏吗？

那么，宽恕就是放下自己对于加害者的怨恨，但又不否认他在错误行为上的责任（无开脱理由）或错误行为的错误性（与容许不同）。宽恕背后（至少）有两种动因。首先，宽恕有益于宽恕者，因为执着于怨恨只会加深加害者对于自身的影响。其次，原谅加害者可能会让我们与对方达成和解。宽恕是在加害者与被害者之间重建关系的环节。这就是本节标题的问题——“美队可以宽恕他的疯狂‘三’重奏吗？”——如此微妙，但对于理解这一声名狼藉的复联替补阵容，以及

---

① *Avengers*, vol. 1, #54 - 55 (July - August 1968), reprinted in *Essential Avengers Vol. 3* (2001).

理解宽恕本身如此重要的原因。

在《复仇者联盟》第 16 期（第 1 辑，1965 年 5 月）里，团队创始成员决定离开一段时间。他们并没有解散团队或集体退出——只是需要休息一下（在筋疲力尽的前 15 期之后）。因此他们开始寻找接替成员，并且很快找到了三位改邪归正的**超级反派**：鹰眼、快银以及猩红女巫。早前，鹰眼曾是钢铁侠不起眼的对手之一（他是受到了黑寡妇的蛊惑，当时的她同样是个反派），而快银与猩红女巫加入过（其父亲）万磁王的邪恶变种人兄弟会（Brotherhood of Evil Mutants）（注意“邪恶”这个词）。与复联名誉创始成员美国队长（在第 4 期里由“真正的”创始成员从冰块中解冻出来）一道，这些回头是岸的浪子组成了全新的复仇者联盟阵容。

88 美队的疯狂四重奏——这一版本的复仇者联盟为人熟知的代称——的问题在于他们是“一夜之间”莫名成为英雄的。事后看来，也就是看过几十年间数以百计的故事之后，他们毫无疑问是真正的英雄，即便快银还是那个自大鲁莽的傻瓜，鹰眼——好吧，他也是个自大鲁莽的傻瓜，那猩红女巫，嗯，她的个人问题我们之后再谈。（对比之下，美队只是经历了几次死亡，不过现在的他好多了。）然而，我们仍旧应当关注他们三人曾犯下恶行这一事实。反派不能只是说说：“啊，呃，你看，我想了一下，嗯，我现在是个好人啦。”恶行不会因为一个人的回心转意而消失，也不会因为另一个人的原谅而清零。这样看来，钢铁侠作为这一全新复联阵容的引荐人是比较合适的，因为鹰眼所有的犯罪经历基本上都是为了打败钢铁侠。因此钢铁侠具备了当代哲学家克劳迪亚·卡德（Claudia Card）所说的能够宽恕鹰眼的“道德能力”(moral power):身为鹰眼罪行的受害者,铁头王(Shellhead)[1]有权赦免与宽恕他。[2]

谁来宽恕变种人?

但快银和猩红女巫——变种人姐弟皮特罗与旺达·马克西莫夫[3]——的问题要更复杂一些。让我们首先明确一点,他们的所作所为在某些方面是情有可原的:比如他们加入邪恶变种人兄弟会只是为了报答万磁王从反对变种人的暴徒手中救下旺达。[4] 出于感激之情,旺达与皮特罗宣誓效忠于万磁王发扬变种人的事业,继而成为超级反派。当他们认为自己已经完成报恩后,便离开了万磁王的队伍,(顺理成章地)来到复仇者联盟的面前,做好了服务社会的准备。不过,他们在跟随万磁王期间的确犯下过罪行,即使并非自愿,却从未受到惩罚。所以我们不得不假设他们的罪行得到了宽恕或理解。 89
但是谁宽恕了他们?具备宽恕或理解能力的人显然只有受害者,但我们从未看见他们的身影或听见他们的声音。基于这一点,我们没有理由认为他们已经获得了宽恕。

然而也有例外,有时宽恕无须经过受害者的同意。假定皮特罗

---

① 钢铁侠的别称。——译者注

② Claudia Card, *The Atrocity Paradigm: A Theory of Evil* (New York: Oxford University Press, 2002), chapter 8.

③ 漫画中是姐弟,电影中设定为兄妹。——译者注

④ *X-Men*, vol. 1, #4 (March 1964), reprinted in *Essential Uncanny X-Men Vol. 1* (2010).

与旺达在身为超级反派的过程中意外导致了一位名为斯坦利的保安身亡。显然由于受害者已经死去，所以他无法原谅或理解所发生的事。如果斯坦利不能宽恕皮特罗与旺达，那么谁能呢？或许谁也不能，这样的话，他们将永远无法摆脱自己的恶行。但这位保安也许有遗孀。当然，这让他们罪加一等，可也有好的一面。斯坦利的妻子同样是马克西莫夫姐弟罪行的受害者，正因如此，她便有权利不仅代表她个人，也代表她的丈夫。如果她愿意，她可以宽恕皮特罗和旺达。

这种其实并不复杂的情况被我们称为**第三方宽恕**（third-party forgiveness）。当第三方不是罪行的直接或间接受害者时，事情才会变得更加复杂，比如复仇者联盟招募快银与猩红女巫加入团队，仿佛在某种意义上赦免了他们。想了解为什么这会造成问题，需要回到巴特勒主教的分析，即宽恕是放弃报复以及抑制怨恨。不曾因为恶行受到伤害的第三方没有理由感到怨恨，也没有动机进行报复。因此，所谓第三方宽恕似乎并不成立，复仇者联盟，甚或美队，无权赦免快银与猩红女巫的罪行。

不过，对于宽恕的这种理解在看待何为因罪行而受害这方面角度过于狭隘。犯罪即违背法律，而我们遵守法律的义务，无论是否为道德义务，都不仅仅取决于我们与任意可能被自己违法伤害的个体
90 之间的关系。这种义务来源于更广泛的社群（community）——这就是为什么我们会因不存在特定受害者的罪行而受到惩罚。比如当我乱穿马路时，我没有伤害任何人——我只是在非法穿越街道。实际上，唯一可能因为我无视人行横道而遭受身体侵害的人是我自己（如

果我不是赫拉克勒斯[①]那种大力神的话）。但是，由于无视应于何时何地穿越街道的法律规定，我对整个社群造成了伤害：我干扰了有序的车流以及社会的整体安定。诚然，其他人的干扰行为或许更加严重：纵火犯、绑架犯、假唱歌手，以及超级反派（及其模仿者），所有这些都是社群不安因素的体现。而我的乱穿马路也是一种不安因素——只不过程度不同罢了（尤其与假唱相比）。

鉴于作为一个整体的社群因某种罪行受到损伤（你会发现损伤与假唱押韵）[②]，社群似乎便具备了宽恕的道德能力，至少在没有直接受害者的情况下是这样。而复仇者联盟即某种意义上的社群代表，因此他们也就具备了宽恕旺达与皮特罗罪行的权利。不过需要注意的是，这种社群权利次要于受害者自身的权利。如果受害者有机会表示原谅（也就是他们既没有死亡也没有昏迷，所有官能一应俱全，并且也不假唱）但拒绝这样做，那么社群必须（在一定程度上）尊重他们的选择。有些情况下拒绝宽恕某个行为会显得极度不可理喻，还有些情况下的行为绝对不应当被宽恕。（提示：**假唱**。）

原谅我吧！

现在我们知道了哪些人具备或不具备宽恕罪行的权利，下一个

① Hercules，古希腊神话中力大无比的英雄。——译者注

② 假唱的英文为 mime，在原文中与犯罪的英文 crime 押韵，译文中则处理为与“损伤”押韵。——译者注

问题是,**应当**在什么情况下宽恕罪行?这个问题可能是最棘手的。
91 我们可以从两方面看待:第一,什么样的罪行能够被宽恕,以及宽恕的条件是什么;第二,是否存在不可饶恕的罪行。

在考虑第一个问题时,我们必须意识到,虽然犯罪受害者有权利宽恕罪行,但他们并没有这样做的义务。只有受害者能够决定何时以及是否原谅这项罪行。尽管如此,我们依然可以确立一些有关宽恕的大体原则。一个人不应过早或过晚表示原谅。过早原谅体现出自我尊重的缺乏,而一直不愿原谅则说明了心中的积怨。无论是哪一种情况,犯罪受害者都放任了加害者对于自身的影响力。立刻表示原谅的受害者几乎是在认同加害者,以受害者的无足轻重为犯罪辩护。迟迟不愿原谅或完全拒绝原谅的人将永远无法摆脱受害者这一身份。①

在决定何时以及是否原谅这一点上,我们需要考虑的不仅是受害者,还有加害者。我们常常听到改过自新的反派提及"赢得原谅"这一概念,但这其实是错误的。赢得指的是赢取某物的所有权,而被原谅不是一种权利。权利意味着受害者一方具有原谅的义务,这种权利并不存在。然而,通过表示自责、进行忏悔或做出补偿,加害者得以为受害者的宽恕提供理由,甚至可能会发展到令受害者没有理由拒绝宽恕的程度。

以鹰眼为例:在犯罪时期他曾伤害过托尼·史塔克,所以史塔克具备宽恕他的权利——他很快便行使了这项权利(或许有点太快

---

① 有关这一点的更多内容,参见 Charles Griswold, *Forgiveness: A Philosophical Exploration* (New York: Cambridge University Press, 2007)。

了)。不过假设史塔克并没有那么快原谅鹰眼——在什么时间点上拒绝原谅的他会显得不可理喻? 这个问题没有明确的答案,但在鹰眼的案例中,他显然对自己早期的犯罪行为感到悔恨,并且走上了正轨,这让他成为一个有可能获得原谅的人。一旦他参与一两次拯救 92
世界的行动,这种可能性便会进一步提高。当他更是几次救下托尼牌装甲夹心肉后,如果托尼仍然记恨鹰眼早期的行为便会显得不可理喻了。①

鹰眼的情况相对简单(如果对于宽恕来说存在"简单"情况的话)。让我们将目光转向更加难解的问题——如果加害者不思悔改呢? 比如,美队是否可以原谅红骷髅,或者神奇四侠是否可以原谅毁灭博士?② 根据我们之前讨论的内容,答案当然是**可以**,所以真正的问题是他们是否**应当**原谅。答案似乎是否定的,除非他们有足够的理由相信,这样的宽恕能够激励问题中的反派悔过。宽恕的部分目的是重建和睦的关系。如果加害者不思悔改,并且很可能一直如此,那么宽恕便达不到这一目的。另一方面,如果加害者承认了错误,表现出自责,或者在适当的鼓励下似乎很有可能这么做,那么宽恕便能达成这一目的。而考虑到红骷髅或毁灭博士对于自身犯罪行为的志得意满(以及他们拒绝承认任何错误,认为自己正直高尚),原谅他们等同于纵容他们。不过,原谅一个在悔恨边缘犹豫不决的人,可能会有助于他或她迈出改过自新的第一步。

---

① 有关托尼个人的宽恕与赎罪问题,参见 Christopher Robichaud, "Can Iron Man Atone for Tony Stark's Wrongs?" in *Iron Man and Philosophy*, ed. Mark D. White (Hoboken, NJ: John Wiley & Sons, 2010), 53-63。

② 说到这里,**有人**可以原谅假唱吗?

M皇室之宽恕

我们在上文中根据犯罪涉及人员——受害者及加害者——的立场讨论了宽恕的原则，却忽视了犯罪本身的问题。鹰眼为攻击钢铁侠赔罪是一回事，但黄蜂女原谅殴打她的丈夫汉克·皮姆，或者整个
93 漫威宇宙宽恕扭曲现实的猩红女巫则是另一回事。[1] 我们需要考虑不同程度的犯罪行为，某一些相较而言更容易得到原谅。我们也需要考虑某种罪行的各项因素，包括造成伤害的严重性以及受到波及的人数。不过让我们直入正题，首先思考一下是否存在不应当被宽恕的罪行。

在探讨不可饶恕罪行的可能性时，有两种角度可供选取。第一种角度认为某些罪行在本质上就是不可饶恕的：该犯罪行为的某种固有属性使其绝无可能受到宽恕。比如，汉克·皮姆虐待自己妻子的行为是不可饶恕的，原因不是这种行为造成的生理伤害，而是这种行为亵渎了他们之间的关系。参照这一逻辑，珍妮特·凡·戴恩绝不应该原谅汉克，或者至少可以说，如果她表示原谅，会让人无法理解。另外，某些故事暗示猩红女巫可能在幼时遭受过猥亵。[2] 如果旺达确实有过这样的童年遭遇，那么宽恕该加害者是毫无可能的。这种罪行本身的严重程度就决定了它的不可饶恕性，无论是在何种

① 什么？不再开假唱的玩笑了？已经形成定势思维了吗？哈哈……

② 比如 *Avengers*, vol. 1, #401 (August 1996)。

情况何种条件下。

另一种看待不可饶恕罪行的角度认为，在本质上没有任何罪行是不可饶恕的，但某些罪行的严重程度令它们不可饶恕。比如，一宗谋杀可以被原谅，但种族灭绝的企图不可被原谅。让我们再次参考猩红女巫：在迷你系列《M 皇室》(*House of M*)(2005)中，旺达利用她扭曲现实的能力扭曲了，呃，现实，但这一次的行为是大规模的，她试图满足每位英雄最强烈的愿望。理论上来说这是个好主意，可事实上这意味着整个世界将被迫生活在谎言之中，每个人都被剥夺了自己的过去与身份。不过可以理解的是：旺达当时正处于精神崩溃状态，也许无须为她的行为承担全部责任。如果我们接受这种说法， 94
那么便没有罪行可供宽恕，因为她已经得到了我们的理解。然而，如果这种扭曲现实的做法是蓄意而为，没有任何理由开脱，那这便是不可饶恕的罪行。

我们通常会将两种角度加以结合，这令人想起旺达的弟弟快银在这场扭曲现实事件中的角色。在《M 皇室》的后半部分里，我们发现皮特罗才是导致这场灾难的罪魁祸首——尽管他是出于好心。鉴于当时的旺达扭曲现实的能力不断增强，精神持续崩溃，超级英雄们便聚在一起探讨如何处理她的问题。当皮特罗听到有人建议杀死旺达以拯救世界时，便找到他的姐姐建议她对现实稍做改变，由此引发了整个故事线。这样做的皮特罗似乎犯下了双重意义上的不可饶恕罪行。一方面，他对于如此大规模的现实扭曲负有间接责任；另一方面，他是通过煽动精神不稳定的姐姐做到这一点的。

宽恕悖论

当然，不是所有人都承认不可饶恕罪行的存在。法国哲学家雅克·德里达（Jacques Derrida）（1930—2004）就主张，宽恕必须赋予那些（看似）不可宽恕的行为才是有意义的。[1] 宽恕可宽恕的行为（相对来说）轻而易举，并且有一定益处。比如原谅一位后悔自责的朋友可以修复友谊，仿佛某种交易。但原谅不可原谅的人则是一种“纯粹的”宽恕[仿佛“纯粹的”利他主义（altruism）]，不求回报。宽恕不可饶恕的行为是无望、无欲、无求的宽恕。如果我们这样去理解宽恕与不可饶恕，那么上文所讨论的罪行都并非不可饶恕。在以上这
95 些案例中，有权原谅的人都有可能与受到原谅的人建立或重建某种关系。按照德里达的逻辑，不可饶恕的犯罪不必是某种特定的罪行，只需涉及某个特定的罪犯：一个毫无悔意的罪犯。或者最完美的情况是，一个已故的毫无悔意的罪犯——这样一来被原谅的罪犯便没有任何悔改的机会。

德里达关于宽恕的讨论被一些人称为宽恕悖论（paradox of forgiveness），虽然这实际上是**宽恕与悔改的悖论**。该悖论是这样的：你无法宽恕一个不知悔改的罪犯，因为这等同于为他的罪行开脱；与此同时，你无须宽恕一个悔改的罪犯，因为悔改罪行的罪犯已

① Jacques Derrida, *On Cosmopolitanism and Forgiveness*, trans. Mark Dooley and Michael Hughes (New York: Routledge, 2001), 32 - 33.

渐渐抹除了这项罪行。①

复仇者，原谅吧！

我们有必要说明，在宽恕与名为“复仇者”的团队之间或许存在某种矛盾。复仇与宽恕似乎互相对立。复仇是以纠正错误为目的的惩戒，而宽恕则放弃了惩戒——或者看上去如此。事实上，复仇与宽恕是可以相结合的。宽恕并不意味着放弃惩戒——而是意味着放弃怨恨与报复。报复（revenging）与复仇（avenging）意义相近却并不相同。复仇与正义有关，并且可以由任何人进行，并不仅仅是犯罪或恶行的受害者。超级英雄通常以誓死保护民众为名寻求正义，而不是为了他们自己。报复却是私人行为。我无法为遭遇恶行的你进行报复——无意冒犯，因为我可能根本不认识你。我无法对你受到的伤害感同身受，而这是报复的必要条件。②

复仇与宽恕之间不存在矛盾，因为复仇者联盟（以及广义上的复仇者们）能够在原谅他人的同时进行惩戒。比如，有两位复仇者受到
过终极惩罚——逐出团队——但之后都被重新接纳。钢铁侠因在装 96

① Leo Zaibert, “The Paradox of Forgiveness,” *Journal of Moral Philosophy* 6 (2009): 365 - 393.

② 有关正义[或报应(*retribution*)]与报复不同之处的更多内容，参见 Robert Nozick, *Philosophical Explanations* (Cambridge, MA: Harvard University Press, 1981), 366 - 370。

甲战争（Armor Wars）中导致了小魔怪（Gremlin）的死亡而被驱逐①，汉克·皮姆则因一系列诡异的行为（包括袭击已被拘捕的敌人）而被驱逐②。两人事后都回归了团队，他们受到了惩戒，也得到了原谅。

这可能是因为惩戒与宽恕目的不同。宽恕主要是为了重建关系，而惩戒往往与因果报应有关。由于违反了行事原则，这两位复仇者对其余成员有所亏欠，而受到惩罚的他们弥补了这一点。因此，托尼与汉克在为自己的罪行付出代价后得以再次加入团队。作为因果报应的一环，惩戒可以被视作一种赔罪——也是迈向宽恕的一步。虽然我们能够通过接受惩罚弥补自己的过错，我们仍需记住获得宽恕与赢得奖金或支票不同，这并不是某人应得的，而是必须由受害者自愿赋予。

最后，我们应当从以上有关复仇者联盟的思考中得出的结论是：我们不能要求他人宽恕自己过去的失误，他人也无权如此要求我们。不过，我们能够通过后续的行为令自己理应（或不应）受到宽恕。仅仅是请求原谅可能并不意味着你值得被原谅，但如果这种请求向受害者表明了犯罪者对于罪行的供认不讳，那么无疑是有效的。诸如鹰眼这样前身为罪犯或反派的复仇者从未否认过自己的过去，他们成为英雄后的事迹也证明了他们值得被宽恕。

---

① *Iron Man*, vol. 1, #229 (April 1988), reprinted in *Iron Man: Armor Wars* (2007).

② *Avengers*, vol. 1, #213 (November 1981).

8 98

神、野兽与政治动物：复仇者联盟为何集结

托尼·斯帕纳克斯(Tony Spanakos)

> 这世界需要它一直以来所需要的。英雄。不是神盾局特工……也不是天锤局特工。是复仇者联盟。现在这种需要可能达到了前所未有的程度。
>
> ——史蒂夫·罗杰斯①

《复仇者联盟》系列在 2010 年重启时，书中这样说道："地表最强英雄团结一致，直面共同的威胁！ 这一天，复仇者联盟诞生了——为了对抗那些单一英雄无法抵挡的敌人！"②这听上去并不新鲜，因为斯坦·李在原版《复仇者联盟》1963 年第 1 期里就对忠实漫画迷们说过几乎一样的话。但这则宣言并不准确，或者至少具有一定误导性。复仇者联盟或许认为他们是为了战胜大反派而"集结"的，可事 99

① *Avengers*, vol. 4, #1 (July 2010), reprinted in *Avengers by Brian Michael Bendis Vol. 1* (2011).

② 同上。

实上不止如此。

在复仇者联盟之外,成员们独立完成了各种拯救世界的伟大事业,但他们渴望友谊,并且需要精神支持。[即使在个人超英故事中,他们也常与复仇者同僚联手,发扬“漫威战队”(Marvel team-up)的光荣传统。]所以复仇者集结的真正动机是什么?按照亚里士多德的观点,作为团体活动的复仇者联盟得以表现卓异(arête),展现友爱(philia)。① 最终通过共同行动,他们收获幸福(eudaimonia)。而这就是他们集结的原因。

集结是出于必要还是追求完美?

我们可以轻易摒弃如下说法:复仇者有必要联合起来以打败无法独自打败的超级反派。反例之一便是复仇者初次集结是为了对抗洛基,后者设计了英雄们与浩克的内讧。② 但即使是不熟悉漫威漫画的读者也会知道,索尔在自己漫长的漫画生涯中一直是独立对抗洛基的。因此,洛基并不是一位需要复仇者一致行动才能战胜的敌

---

① 虽然友爱(philia)一词通常被翻译为“友谊”(friendship),但现今该词所指的自愿关系可能是亚里士多德无法理解的。并且,友爱并不是一种纯粹的友谊,而是一种公共道德及社会认同感,这就是为什么亚里士多德可以在城邦中与公民讨论公民友爱。(Philia 在英文中现为某种不正常癖好的后缀词。——译者注)

② *Avengers*, vol. 1, #1 (September 1963), reprinted in *Essential Avengers Vol. 1*(1998).

人。康、魔多客(Modok)、海王纳摩①以及其他曾与单名复仇者对抗的反派也是如此。必要性难以成为复仇者联盟的基础，一定有其他理由促使他们不断集结为一体。

让我们参考亚里士多德对于创立城邦(polis)的解释。人类自身不足以孤立生活，所以需要城邦的存在以确保繁衍、稳定、安全与交易的可能性。② 不过，虽然必要性导致了城邦的形成，但其存续的理由远不止如此。城邦是基于希腊人生活中更为重要的部分建立而成的政治社群(political community)。简而言之，“在城邦的语境之外， 100
个体无法称之为人”③，即城邦之外的人不是神祇就是野兽。④ 神不需要城邦，野兽也无法受益于它。而对介于两者之间的凡人来说，城邦是友爱所在之地，卓异实现之域，以及幸福圆满之归处。

亚里士多德论点的根据在于他坚信人是“政治动物”(zoon politikon)。但许多复仇者并不是普通人类。他们是神、变种人或机

---

① 关于纳摩是否为反派的分歧在《复仇者联盟：地表最强家族》这一章的脚注中有提及。——译者注

② 参见 Aristotle, *Politics*, 1252b29 - 1252b30(所有权威译本都会包含这样的标准页码)，以及 Christopher Shields, *Aristotle* (New York: Routledge, 2007), 352。

③ 参见 C. C. W. Taylor, “Politics,” in *The Cambridge Companion to Aristotle*, ed. Jonathan Barnes (Cambridge, UK: Cambridge University Press, 1995), 233 - 258, esp. at 239。

④ Aristotle, *Politics*, 1253, and *Nicomachean Ethics*, 1097b6 - 1097b16. 当我引用《尼各马可伦理学》(*Nicomachean Ethics*)时，我使用的是 H. 拉克姆(H. Rackham)的翻译版本：*Aristotle: Nicomachean Ethics* (Cambridge, MA: Harvard University Press, 1934)。

器——有的甚至是一头野兽(Beast)①。然而这些都无关紧要。加入复仇者联盟也许与加入亚里士多德的城邦理由一致,是出于必要。而融入复仇者联盟与融入城邦的理由也是一致的:为了实现美好的生活。

希腊基础课(经漫画法典认证)

满怀着对老朋友阿瑞斯②的敬意,我们将详细解释一些古希腊术语,以便展开进一步分析。基于规模及公民在社会政治生活中的角色等方面,城邦与其他社群有所不同。③ 除此之外,亚里士多德口中"政治"(politics)一词的使用范围也比其今日的含义更加广泛。亚里士多德的政治理论根植于城邦生活,包含与他人共处的社会、经济以及(我们所说的)政治层面。这一区别极为重要,因为除了一些个例——比如托尼·史塔克任职国防部长及神盾局局长期间——以外,大多数复仇者都有意回避"政治",即便他们可能十分政治化。以美国队长为例,作为美国精神的化身与象征,他拒绝参选总统,仅仅在诺曼·奥斯本的"黑暗王朝"时期后勉强担任过美国国家安全负责人一职。事实上,他常常是为了进行更有意义、更加直接的"政治"活动(拯救民众的生命,保卫受到外国/外星入侵的国土,或只是为世世

① 应指本名为亨利·菲利普·麦考伊(Henry Philip McCoy)的变种人超英,X战警及复仇者联盟成员,英雄名为野兽(Beast)。——译者注

② 阿瑞斯是借鉴希腊神话的漫威角色。——译者注

③ Taylor, "Politics," 235.

代代的美国人民树立榜样）而避免参与政事。

复仇者联盟并没有建立独立政治单位性质的城邦[如基诺沙 101
(Genosha)①或异人族（Inhumans）的各类聚居地]，但他们的确属于某种政治社群。这背后的原因——以及他们始终会回归复仇者联盟的原因——是集结行动向他们提供了获得幸福的途径，这种幸福比他们个人生涯所能达到的成就更加圆满。幸福（eudaimonia）一词通常被翻译为快乐（happiness）或满足（fulfillment），“指的是……人类的必要需求得到满足，以实现完整、富足的生活”。② 不过将幸福解读成21世纪意义上的“快乐”或许会多方面扭曲了它的意义：首先，快乐可能会被解读成一种享乐主义；其次，这个术语可能会被视为一种内在状态。而亚里士多德会认为两者皆非。第一点的问题在于完整的生活应建立在理性而非愉悦的基础上；第二点的问题在于快乐并不是一种感受而是一种存在方式。具体来说，亚里士多德对于快乐（幸福）的理解涉及美德或者说卓异（arête），是能够长期践行并得到发展的行为。卓异是指在某个**行动**中表现超群，而不仅仅是灵魂的内在特性。③ 尽管“卓异”一词常被用作道德意义上的概念，但也可以用来形容超群的表现，比如木匠在建造房屋方面的技能。换言之，卓异与技艺或工匠的机能有关，而其最高形式体现于伦理与政治生活领域，因为这是**全**人类的机能所在。④

---

① 漫威漫画中虚构的东非岛国，生活着大量的变种人。——译者注

② Jonathan Lear, *Aristotle: The Desire to Understand* (Cambridge: Cambridge University Press, 1998), 155.

③ 同上，153。美德的概念之所以与灵魂内在有关，是因为受到了基督教伦理学的影响。

④ *Nicomachean Ethics*, 1097b16 - 1097b20.

如果社群内存在卓异的行为，便可与民众之间友谊或友爱(philia)(我保证这是最后一个希腊语词汇)的形成互补。在《尼各马可伦理学》中，亚里士多德强调“快乐的人必须是社会的一部分……并且与陌生人及偶遇之人相比，显然是与友人及善人为伍更佳”。① 友爱的形成有多重原因：利益(我与你结交是因为你能够为我提供工作)，愉悦[《泽西海岸》(*Jersey Shore*)里的斯努基(Snooky)喜欢与希
102 弛(Sitch)和杰沃(JWoww)为伴是因为他们实在太有趣了]，或美德(你与我为友是因为你想我所想，为我着想)。② 最后一种形式的友爱，即“想对方所想，为对方着想，而非出于自身目的，并因此尽己所能地加以实践”，是最高境界的友情。③ 在这样一种友谊之下，一个人将他或她的同伴视为“另一个自己”，并在他或她身上找到了同样忠于卓异的自我：“因此所有向往幸福的人都有必要结交卓异的友人。”④

显而易见，超级英雄总是行为英勇，表现卓异，无论他们是否是复仇者联盟的成员。可即便他们能够独立阻止犯罪，战胜超级反派，他们的生活与行动也必然并不完整。最终，对于幸福的渴望促使他们回归复仇者联盟，或至少定期进行互动及组队。

---

① *Nicomachean Ethics*, 1169b16 - 1169b22.

② 同上，1168b11 - 1169a7。

③ John M. Cooper, “Aristotle on Friendship,” in *Essays on Aristotle's Ethics*, ed. Amélie Oksenberg Rorty (Berkeley: University of California Press, 1980), 301 - 339.

④ *Nicomachean Ethics*, 1170b14 - 1170b19.

怀念友人的惊奇女士

杰西卡·琼斯：还记得那时你阻止了……太阳的爆炸吗?!

惊奇女士：你知道我之后做了什么吗？我回到家，一屁股坐了六个月，边吃本与杰里的冰激凌边看老电影。①

“M皇室”故事线之后，卡罗尔·丹弗斯“意识到自己并没有发挥出身为惊奇女士的全部潜能”，决定专注于个人的冒险历程。② 然而六个月后，当她在战斗中击败高跷人(Stilt-Man)时，后者并没有认出她，并且她新近雇佣的宣传人员为她在《超能力》这档电视节目中争取到了一个名为“他们如今在何方?”的环节。③ 她向另一位前任复仇者杰西卡·琼斯抱怨这一点，并说到她离开复仇者联盟的理由是，作为复仇者她只能等待那些救人一命的时刻，而独身一人时，她
可以外出“巡逻”，并“在自己被需要之前感受到自己的必要性”。④ 103
可当她在后两页上发现了一些绿色外星人时，她的第一反应是呼叫美国队长。实际上，这本漫画作为惊奇女士全新系列的首期，整个故

---

① *Ms. Marvel*, vol. 2, #1 (May 2006), reprinted in *Ms. Marvel: Best of the Best* (2006). [杰西卡·琼斯(Jessica Jones)，捍卫者联盟(The Defenders)及复仇者联盟成员；本与杰里(Ben & Jerry's)，美国著名冰激凌品牌。漫画中惊奇女士的倾诉对象实为蜘蛛女侠杰西卡·德鲁(Jessica Drew)，原文有误。——译者注]

② *Ms. Marvel*, vol. 2, #13 (May 2007), reprinted in *Ms. Marvel: Operation Lightning Storm* (2007).

③ *Ms. Marvel*, vol. 2, #1.

④ 同上。

事塑造的并不是她独立的冒险经历，也不是放弃她个人的身份特征，而是她无法逃避身为复仇者的事实。

卡罗尔生命中另一位重要的复仇者成员是钢铁侠（托尼·史塔克），他不仅是其打击犯罪事业上的同僚，也（与卡罗尔一样）是一位改过自新的酗酒者，还是她酗酒者互诫协会的担保人。① 所以当钢铁侠在漫威宇宙的"内战"大事件后邀请她加入并领导复仇者联盟时，这一请求便不仅仅是来自一位**同样**打击犯罪的英雄，②更是来自一位各种意义上的同伴，几乎没有人能像他一样理解她的同伴。毕竟他们不但（在打击犯罪时）双双表现卓异，而且在彼此的卓异表现中体会到了幸福（比如在保持清醒这方面）。

在卡罗尔单打独斗的第一年里，她试图寻找自我，挖掘潜力。亚里士多德认为人类的目标是获得幸福，相应地，惊奇女士也找到了自己的目标，表述为"英雄需要……我需要做出改变"。③ 颇具讽刺意味的是，她是在决定回归（并领导）复仇者联盟后才理解这一点的。在做出这一决定之前，超级反派无法认出她，电视制作人只关注她的过去，而她自己拥有的也完全不是"普通生活"。④ 或许她本就不能

---

① *Ms. Marvel*, vol. 2, #13.

② *Mighty Avengers* #1 (March 2007), reprinted in *Mighty Avengers: The Ultron Initiative* (2008).

③ *Ms. Marvel*, vol. 2, #13.

④ 在卡罗尔的感情生活方面，她只与一位"普通"人约会过，并且（自然是）被超英行动打断了（*Ms. Marvel*, vol. 2, #11, March 2007, reprinted in *Ms. Marvel: Operation Lightning Storm*）。卡罗尔与西蒙·威廉姆斯（奇迹人）更般配，她与钢铁侠将其招募进神威复仇者。作为超级英雄，西蒙也凭借对于卓异的追求向卡罗尔展现了真正的友爱。（他们之间的交集参见 *Mighty Avengers: The Ultron Initiative*, 2008。）

拥有普通的生活——并非因为她是超级英雄，而是因为她是一名前任复仇者。

卡罗尔尝试向她的宣传人员解释自己的想法，后者终归无法理
解她，也无法与她形成友爱的联结。相反，杰西卡·琼斯能够真正在
私人层面**理解**她，她也与美国队长以及托尼·史塔克进行了深入严
肃的交谈。当卡罗尔展现出属于超级英雄的卓异时，她往往是与其
他前任或现任复仇者[奇异博士(Doctor Strange)、虎女、瓦尔基里
(Valkyrie)]一同做到这一点的。因此即使她作为独立的英雄继续 104
行动，也不会如她预想的那般成功。当她最终理解了自己的目标，便
以复仇者的身份完成了它。在《神威复仇者》第1期的封面以及开篇
首页上，惊奇女士以翱翔的姿态加入战斗，自信满满地带领着神威复
仇者，包括诸如黄蜂女、奇迹人、黑寡妇以及钢铁侠这样的元老级人
物，所有人都是身经百战的英雄。卡罗尔就此获得了幸福，身边围绕
着与之共享友爱的成员——复仇者联盟成员。

汇集卓异

那时的你简直一团糟……一点也不像十几年后现在的你。

——卢克·凯奇对杰西卡·琼斯说道①

① *The Pulse* #14 (May 2006), reprinted in *The Pulse Vol. 3: Fear* (2006).

这是神力侠(Power Man)卢克·凯奇(Luke Cage)为了向杰西卡证明自己是真心诚意求婚时所说的话。她**曾经**一团糟，**现在**是漫威世界里最具吸引力的角色之一。她总是郁郁寡欢，常常妄自菲薄，极度缺乏自信。杰西卡因为一场车祸接触到某些化学物质，从而获得了超能力，这场车祸也夺走了其父母及弟弟的生命。① 在这场意外之前，她一直是个独来独往的可悲之人——可悲到她曾暗恋的彼得·帕克**甚至**没有注意过她——而车祸之后的她更是如此，尤其对于自己间接导致了这次事故深感内疚。在医院中度过康复期后，杰西卡被告知可以回到原来的高中继续上课，并且已经有寄养家庭愿意收留她。②

回到学校的杰西卡比以前更加孤僻，被啦啦队队员当作怪胎，被校队男生羞辱嘲笑，也被彼得·帕克以同情的目光看待。③ 绝望之下的她逃离学校，发现自己拥有了超级力量，还能够飞行，但她仍然悒悒不乐。有关她早期的超级英雄试炼，杰西卡是这么说的："大约
105 尝试了一周的时间，但那一周并不怎么样，简直让人大为光火。但我一直告诉自己，有人需要帮助，人们总是在制造麻烦。那只是借口，事实上……我只想享受暴力。"④数年之后，她放弃了"超英游戏"，成为一名私家侦探。

杰西卡似乎始终在寻找幸福。她是一个独行侠，可能是最喜独

---

① *Alias* #22 (July 2003), reprinted in *Alias Ultimate Collection Book 2* (2010).(杰西卡与弟弟在车内吵架，导致开车的父亲分神，与载有放射性化学药剂的军用车辆相撞。——译者注)

② 同上。

③ *Alias* #23 (August 2003), reprinted in *Alias Ultimate Collection Book 2*.

④ *The Pulse* #14.

处的漫威角色。她对于超级英雄事业的本能排斥令她看上去不大可能需要成为一名复仇者。但与她的朋友卡罗尔·丹弗斯情况类似，放弃复仇者身份的她可悲极了。她过度饮酒，(不断)进行毫无意义的约会，言辞粗鲁，像个烟囱似的不停抽烟。没有幸福可言。杰西卡甚至在卡罗尔劝她接受新的案件时大发雷霆。① 尽管如此，她知道卡罗尔是她的朋友。这也是为什么不相信任何人的杰西卡会告诉卡罗尔自己与卢克·凯奇(前任及未来复仇者)②的一夜情缘。讽刺的是，当卡罗尔告知杰西卡，卢克是一个"披风追求者"(只与超级英雄约会)后，她试图撮合杰西卡与斯科特·朗——前任蚁人。③ 换言之，卡罗尔不满于卢克只与超级英雄恋爱，可杰西卡似乎也陷入了同样的模式——并且不仅是"披风"而已，更是只与复仇者约会。

在《脉动》(*The Pulse*)系列里，杰西卡怀上了卢克的孩子，许多复仇者同事赶来帮忙。卡罗尔安排杰西卡与隐形女(Invisible Woman)苏·理查兹(Sue Richards)④共进午餐，因为杰西卡担心拥有两位超英家长的孩子的成长问题。⑤ 作为前任复仇者的苏谈起了她与神奇先生(Mr. Fantastic)育有的两个孩子，为杰西卡解忧。之后，卡罗尔又带着杰西卡与卢克来到复仇者黄蜂女珍妮特·凡·戴

---

① *Alias* #24 (September 2003), reprinted in *Alias Ultimate Collection Book 2*.

② 卢克·凯奇认识杰西卡·琼斯之前并没有加入过复仇者联盟，此处"前任复仇者"的表述可能有误。——译者注

③ 参见 *Alias Ultimate Collection Book 1* (2009)。

④ 与下文出现的神奇先生是夫妻，均为神奇四侠成员，加入过复仇者联盟。——译者注

⑤ *The Pulse* #11 (November 2005), reprinted in *The Pulse Vol. 3: Fear*.

恩创办的设计工作室,帮助卢克确定全新的超英装备。[1] 杰西卡突然临产后,卡罗尔抱着她飞向医院,而当卢克因为交通堵塞无法及时赶到医院时,珍妮特喊响了那句口号:“复仇者集结!”[2]在这些人之常情的困难时刻,极为独立的杰西卡与卢克从他们的朋友——复仇者联盟的朋友们那里获得了些许帮助。

106 接着,医院的负责人拒绝杰西卡入院,因为“我们不能帮她接生,谁知道她怀了个什么东西!我们不知道会生出来什么变种人!她可能会生下一颗原子弹或——或者是什么毒药!!”。[3] 当她建议将杰西卡送往巴克斯特大厦(Baxter Building)[4]或神盾局时,美国队长打断了她:“没有这个必要……我们会带走她。”[5]美队在新复仇者(New Avengers)的陪同下,将杰西卡送到前任复仇者奇异博士的住所待产。在分娩过程中,惊奇女士陪在杰西卡身边,替她擦拭额头的汗水。[6] 狗仔队在屋外等待时,身为普通人的记者本·尤里克(Ben Urich)自忖道:“这些面具下的人们……当他们像我们这些人一样需要帮助,需要朋友,需要关爱时……谁能在他们遇到困难时帮他们一把呢?谁来化解他们的不幸?”[7]仿佛进一步诠释了我们所讨论的,尤里克的描述恰恰是卢克、美队、小蜘蛛、蜘蛛女(Spider-Woman)以及钢铁侠的写照。

---

① *The Pulse* #11 (November 2005), reprinted in *The Pulse Vol. 3: Fear*.

② *The Pulse* #12 (January 2006), reprinted in *The Pulse Vol. 3: Fear*.

③ 同上。

④ 神奇四侠的基地。——译者注

⑤ *The Pulse* #12 (January 2006), reprinted in *The Pulse Vol. 3: Fear*.

⑥ 同上。

⑦ 同上。

在卢克与宝贝女儿的陪伴下，杰西卡的人生不再那么黑暗，有时她甚至感到快乐。在她与卢克的婚礼上，杰西卡中途插入了一段自己的誓约，这么对卢克说道：

> 我坚信结为一体的我们比独立存在的我们更加美好……我不再像过去那样迷失自我。这个世界令人恐惧。而你身为复仇者这一点——也令我……感到恐惧。每天我们都会面对一些企图毁掉这一切的蠢货。但自从我们走到一起，我便无所畏惧。①

这段话由(曾经)自厌自弃的杰西卡·琼斯说出，令人感到不可思议，更不用说她一直不屑于超级英雄的生活方式。作为复仇者联盟社群的一员——与领导者成为挚友、嫁给另一位成员、自己也曾加入其中——她找到了友爱。在她的结婚照上，站在新复仇者中间的杰西卡笑容满面，这笑容显然发自内心，最重要的是，她找到了幸福。②
事实上，在鹰眼克林特·巴顿被捕，卢克仍待康复期间，杰西卡与蜘 107
蛛女、仿生鸟(Mockingbird)以及惊奇女士一道，再次以复仇者的身份加入了战斗。③

---

① *New Avengers Annual* #1 (June 2006), reprinted in *The Pulse Vol. 3: Fear.*

② 同上。

③ *New Avengers Annual* #3 (February 2010), reprinted in *New Avengers Vol. 13: Siege* (2010).

无药可救的初代蚁人

我……很久以前就不再管皮姆夫妇的事了。我很确定他们……是我开始酗酒的根本原因。

——托尼·史塔克①

50年过去,亨利·"汉克"·皮姆已成为缺陷最多、最为可憎的漫威英雄之一。他于1962年1月在《惊奇故事》(*Tales to Astonish*)第1辑第27期中首次出场,声称他的血清"过于危险,不能再在任何人类身上使用!"。② 然而他在八期之后回归的理由是"如此伟大的发明不应沦为无物!"。③ 事实上,皮姆这一角色总是在正确行为与科学追求之间犹疑,即便后者不断引发各种灾难性的后果,比如虐打他的妻子珍妮特·凡·戴恩,或是在被逐出复仇者联盟后,为了重新加入而置团队于危险之中的拙劣尝试。④

在这样的糟糕局面之后,虎女称汉克为"卑鄙小人",并告诉贾维斯(Jarvis)她乐见他的离开。永远的智慧之声贾维斯则告诫虎女——以及读者——不要草率评判他人。虽然用美国队长的话来

① *Mighty Avengers* #1 (March 2007).

② Reprinted in *Essential Ant-Man Vol. 1* (2002).

③ *Tales to Astonish*, vol. 1, #35 (September 1962), reprinted in *Essential Ant-Man Vol. 1*.

④ 参见 *Avengers*, vol. 1, #212-214 (October-December 1981)。

说，皮姆的罪责在于“面对敌人的不端行为”，贾维斯的看法依然是“他是英雄！人谁无过——英雄也不例外”。① 当皮姆试着向珍妮特道歉时，她回应道：“我很同情你……你现在遇到了很大的问题！你需要帮助！”②最终，他回归了团队，起初是以顾问的身份，后来加入了西海岸复仇者。③ 在那段时期里，他与虎女恋爱——是的，就是上文提到的虎女——还考虑过自杀，最后（第无数次）与珍妮特复合。虽然虎女也是一位美丽英勇的复仇者，但她不是珍妮特，不是他的一生所爱，那个与他共同创立复仇者联盟的人。就像卡罗尔与杰西卡 108
一样，汉克的幸福因为复仇者的身份与复仇者（尤其是珍妮特）的陪伴而圆满。

汉克与复仇者联盟的最近一次和解，始于诺曼·奥斯本组建了自己的复仇者团队（也就是漫画迷熟知的黑暗复仇者）后，海格力斯（Hercules）与阿玛迪斯·赵（Amadeus Cho）希望重新召集一组复仇者。④ 他们找到贾维斯，后者告诉他们“我只能想到一个人……能够领导新的复仇者团队”：汉克·皮姆。⑤ 那时的皮姆不是蚁人，也不是巨化人、歌利亚或黄衫侠，而是黄蜂侠（他为了纪念自己死去的前

---

① *Avengers*, vol. 1, #214 (December 1981).

② 同上。

③ *West Coast Avengers*, vol. 2, #21 (June 1987), reprinted in *Avengers: West Coast Avengers—Lost in Space and Time* (2012).

④ 有关黑暗复仇者的更多内容，参见本书中罗伯特·鲍威尔所著章节《诺曼·奥斯本的自我堕落：警示录》及莎拉·多诺万与尼克·理查森所著章节《照亮黑暗复仇者》。

⑤ *Mighty Avengers* #21 (March 2009), reprinted in *Mighty Avengers: Earth's Mightiest* (2009).

妻而继承的身份)。① 当贾维斯说道："这一天到来了，先生，与往日不同，地表最强英雄必须联合起来，对抗共同的威胁。"皮姆打断了他："等一下。那是复仇者联盟的口号，贾维斯，这对我来说是不管用的。你以为是谁把它写进章程的?"②可惜的是，他仍然是那个傲慢自我的汉克·皮姆。在此之前他想方设法回归复仇者联盟(结果事与愿违)，现在他们需要他，皮姆却回道："我真是深感荣幸。但我现在正忙着别的事情。而且没开玩笑吗?我?肯定有其他人比我合适，其他超级英雄。"③

尽管汉克是在逃避拯救世界的责任，他仍旧是个令人同情的角色。他告诉别人，他始终不敢领导复仇者联盟。起初他觉得自己无法"比肩"索尔、浩克以及钢铁侠，直到后来他在第一次行动中想出了阻止洛基的方案。"那时我才意识到自己的价值……我，汉克·皮姆，是那个房间里最聪明的人。并且不管他人承认与否，我都是他们的领袖。"④可是，他无法控制巨化人血清，并且在得知托尼·史塔克就是钢铁侠的那一刻感觉到："与他相比……我什么都不是。更不是房间里最聪明的那个人。"⑤

恰恰在下一期里，托尼告知皮姆，新任复仇者联盟将由钢铁侠接管，并让皮姆难堪，后者回应道："你就此接管?你?托尼·史塔克?
109 还是该叫你内战反美队·引发浩克世界大战·提供斯克鲁入侵地球

① 黄蜂女在斯克鲁人入侵事件中死亡，已于2012年复活。——译者注

② *Mighty Avengers* #21 (March 2009), reprinted in *Mighty Avengers: Earth's Mightiest* (2009).

③ 同上。

④ 同上。

⑤ 同上。

一切所需先生？你来接管？最好是给我个理由。”史塔克直接答道：“四个字……你是皮姆。”①皮姆就此放弃，但听说了史塔克在他离开期间（被斯克鲁人绑架）的一些鲁莽行为后，他开始重新考虑。当皮姆对抗冥神西索恩（Chthon）时，后者说道：“看上去比世人多么信仰我更美妙的，就是他们有多么不信任你！”皮姆答道：“好吧，你知道吗？去你们的吧！我才不管你们信不信我。我是汉克·皮姆，我信仰我自己。我会解决这一切。”②

在幻视及其他复仇者的帮助下，皮姆最终在这场战斗中获得了胜利。不过这场战斗让他摆脱了自大与自卑。当海格力斯向他道歉时，皮姆说道：“不，你只是做了你认为正确的事。这是每一名复仇者应该做的。至于钢铁侠……我认识的托尼不是现在这样的。他遇到了一些问题，看起来不在状态。”在有机会批判曾令自己难堪的人时，皮姆反而维护了对方，展现出了某种卓异，这是我们预料之外的。他同时也为同事钢铁侠树立了道德榜样，正如亚里士多德期望的那样。皮姆追上飞行中的托尼，后者说道：“所以，你现在叫自己黄蜂侠，而且准备领导一支新团队？这可不是简单的事情，汉克。给你四个字的建议：别搞砸了。”③这听上去虽然并不怎么鼓舞人心，但托尼认可

---

① *Mighty Avengers* #22 (April 2009), reprinted in *Mighty Avengers: Earth's Mightiest*.（应为23期，原文出处有误，下同。漫画中皮姆用将托尼的一系列失误编造成名字的形式讽刺对方，原文为“Mister fought-against-Cap-in-the-Civil-War. Shot-Hulk-into-space-and-caused-World-War-Hulk. Gave-the-Skrulls-everything-they-needed-to-invade-Earth.”翻译时有部分省略。下文原文实际上是“Three words ... You're Hank Pym.”因中英文差异译成四字。下文的“四个字的建议”情况相同。——译者注）

② 同上。

③ 同上。

了皮姆的卓异表现,接纳他再次成为复仇者,并领导全新的团队。

既非神也非野兽，而是政治动物

“超级英雄……无法适应他们所保护的社会。”这就是为什么他
们的私人生活意义非凡却并不完整。[①] 在本章中,我们分析了三位
110 复仇者的案例,探究他们在复仇者联盟这个社群中,如何通过友爱的
结成与卓异的行动追求幸福。尤为重要的是,惊奇女士、杰西卡·琼斯与汉克·皮姆在复仇者联盟之外都于精神上,有时甚至是道德上,受到折磨。获得幸福的条件是友爱与卓异,而这些均需凭借与复仇者联盟的羁绊实现,尽管他们会偶尔离开甚至被逐出复联。值得注意的是,最自怨自艾的超级英雄杰西卡·琼斯以及最令人反感的超级英雄汉克·皮姆都常常会回到复仇者生活的中心,并且从未远离它的范围。因此,我们可以针对亚里士多德的观点加以更新:复仇者联盟既拥有神灵也拥有野兽,但即便如此他们也不能自足无待,他们需要“城邦”以收获“幸福”。[②]

---

① Vincent M. Gaine, “Genre and Super-Heroism: Batman in the New Millennium,” in *The 21st Century Superhero: Essays on Gender, Genre, and Globalization in Film*, ed. Richard J. Gray Ⅱ and Betty Kaklamanidou (Jefferson, NC: McFarland, 2011), 111 - 128, esp. at 127.

② 感谢马克·怀特、弗蒂尼·斯帕纳克斯(Photini Spanakos)以及威廉·百特曼·拜特凯(William Batman Batkay)的建议。

9 113

美队的疯狂四重奏：有可能改邪归正吗？

安德鲁·泰耶森(Andrew Terjesen)

复仇者联盟在同名漫画第 1 辑第 16 期(1965 年 5 月)里经历了第一次重大阵容变化。所有复仇者联盟创始成员暂时退出，只有“新人”美国队长留了下来。三位新加入的成员分别是多次攻击钢铁侠的鹰眼，万磁王的邪恶变种人兄弟会前成员、孪生姐弟猩红女巫与快银。这一复仇者队伍不久便被戏称为“美队的疯狂四重奏”，以提供他人第二次机会、助其走上英勇正直的道路而闻名。不过，这样的改邪归正真的有可能吗？

弓箭手能够改变他的诡箭吗？ 114

尽管由于狂妄自大且急需(向美队)证明自己，鹰眼与复仇者同僚之间的关系并不平坦，但他仍是复仇者联盟历史上最为成功的改造案例。在复仇者联盟存在期间，他几乎一直是其中一员，更是创立并领导了西海岸复仇者。探究鹰眼成功背后的原因，有助于我们深入理解改邪归正的本质。

“改造”(rehabilitation)一词与“习惯”(habit)的拉丁语词根相同。该拉丁语词根意为“拥有、掌握或保持”,与之相应的是,改造某个对象即涉及打破他的恶习,确保其掌握良好的习惯。善良的人拥有坚定不移的习性是一种由来已久的道德哲学观点,对于这一观点的最佳诠释可以参见亚里士多德(公元前 384—前 322)的著作《尼各马可伦理学》。根据亚里士多德的见解,美德是一种坚定不移的倾向,指引人们在既定的情况下选择正确的行为方式。品德高尚之人不仅仅是在大部分时间里表现得诚实勇敢,更不是偶然或倾向如此,而是**始终**诚实且勇敢,因为这就**是**他。

然而,诚实并不意味着始终坦白真相或从不欺瞒。亚里士多德认为,正确的行为方式往往应视具体情况而定,这也是为什么有必要培养坚定不移的习性。如果诚实或勇气能够用规则来概括,那我们只需告诫人们遵守规则即可。品德高尚之人具有丰富的经验与精确的道德感,能够判断具体情境下的各种需要。比如,没有人会质疑美国队长的勇气,但是他的勇气不由某种规则定义。有时,他的勇气要求他对战灭霸(Thanos),即使自己生还的希望渺茫,而在其他时候,
115 勇气要求他实施战略性的撤退甚至投降(就像他在内战最后所做的)。

如果你因道德之人始终行道德之事这一观点感到困扰,那么无独有偶,当代哲学家及心理学家约翰·M. 多里斯(John M. Doris)也针对亚里士多德的习性概念提出异议,认为其并不现实。他从心理学研究角度论证了亚里士多德所说的这种固定不变的习性是不可

能形成的。[1] 研究表明，环境因素比个体特性更能影响行为方式。例如，在心理学家斯坦利·米尔格拉姆(Stanley Milgram)设计的恶名昭彰的实验中，受试者误以为他们参与的实验是为了测试负强化对于学习行为的效用。受试者被要求在学习者回答错误时对后者施以电击(虽然受试者不知情的是，学习者实际上是实验人员扮演的，电击效果也是伪造的)。米尔格拉姆发现，大约三分之二的参与者会“一路来到”450伏特的电击(可能对学习者造成巨大痛苦的程度)。甚至在实验之外的现实生活中被公认为品德高尚的人也会如此。[2] 多里斯强调，这项实验所创造的环境迫使大多数人不得不坚持完成电击行为，即使这在他们看来是错误的。他们的行为不是基于美德或恶习，比如勇气或残暴，而是对于当下特定情势的反应。

鹰眼的平衡性

多里斯认为，我们并不具备能够广泛适用于不同条件下具体情境的性格特征，诸如诚实、勇气或同情心。相反，我们的性格特征具有局限性，仅仅适用于一些特定的情况，比如“炮火袭击下的勇气”或“脱口而出的勇气”。那么谁的观点才是正确的，亚里士多德还是多里斯？鹰眼的案例将告诉我们，答案或许介于两者之间。 116

---

① 多里斯的论证可参见其著作 *Lack of Character: Personality and Moral Behavior* (Cambridge: Cambridge University Press, 2002)。

② 米尔格拉姆实验的完整流程及结果分析可参见其著作 *Obedience to Authority: An Experimental View* (New York: Harper and Row, 1974)。

与鹰眼相关的性格特征似乎是对于认同或关注的需求。参考他披上战服成为冒险家的理由吧：妒羡钢铁侠所获得的关注。① 这种对于认同的需求是鹰眼品性中固定不变的组成部分，也是其个人故事中的永恒主题，当他身处复仇者联盟、西海岸复仇者以及雷霆特攻队时同样如此。然而，身着英雄披风不久的他却堕向犯罪歧途。在被误认为犯罪分子后，鹰眼怀恨在心，冲动之下的他决定成为"名副其实"的罪犯。②

鲁莽冲动与需要认同是具有平衡性的性格特征，介于亚里士多德所说的广泛性与多里斯所指的局限性之间。在鹰眼从罪犯转变为英雄的过程中，这些平衡性特征并没有太大变化。虽然他的经历让他的脾性在一定程度上有所缓和，但鹰眼仍然是那个好寻衅、暴脾气、穿制服的弓箭手。将鹰眼从罪犯改造为英雄并没有根除这些特征，而是令他善用这些特征。他对于认同的需求常常促使他在危险的任务中奋勇当先，以向超英同伴证明自己的价值。并且，脾气暴躁的他向来是复仇者中最无法忍受不公不义的人。

第 16 期《复仇者年刊》(*Avengers Annual*)记录了鹰眼最令人难忘也最为人所知的英勇事迹。③ 复仇者联盟需要阻止宗师(Grandmaster)引爆"生命炸弹"进而摧毁整个宇宙。成功之后，宗师却坚持重演这一事件，直到他成为赢家。在紧要关头，鹰眼向宗师提

---

① *Tales of Suspense* #57 (September 1964), reprinted in *Essential Iron Man Vol. 1* (2002).

② 有关鹰眼自我怀疑与需要认同的更多内容，参见本书中马克 · D. 怀特所著章节《箭之道：鹰眼与道家大师的相遇》。

③ Reprinted in *Avengers: The Contest* (2010).

出用“抽签”决定宇宙的命运。而所谓的“签”就是鹰眼的最后两支箭，其中一支配有特殊装置，抽到这一支的人便是赢家。宗师无法拒 117
绝这场赌博，并在抽到无装置的箭杆时大惊失色，令复仇者有机会终结他的阴谋。之后我们会看到，实际上宗师抽到的是有装置的箭，但鹰眼在宗师抓住箭杆时迅速拆下了装置。美队批评了鹰眼这种欺诈的做法，在后来的棒球比赛中，还告诉索尔当心鹰眼，因为“他会作弊！”。在美队眼中，欺诈是一种具有广泛意义的性格特点。但我们知道，鹰眼并非徇私舞弊之人。相反，他具有某种平衡性的品质——比如为了更高的利益改变规则——并在危急时刻以此行事。

也许真的是血脉相承

疯狂四重奏的其他成员未能像鹰眼这样成功立足于正义一方。没有多少人的行动能比鹰眼更加迅速，但快银可以轻易胜过我们钟爱的弓箭手，尤其是在冲动鲁莽这方面。在姐姐旺达意外受伤后，快银断然退出复仇者联盟，再次与万磁王短暂为伍，甚至与 X 战警作对。① 之后，他彻底成为西海岸复仇者的敌人。纵观他的经历，快银人如其名，无法预测。猩红女巫是复仇者联盟阵容中相对常规的一员，直到她在“复仇者解散”故事线中成为复联最大的威胁之一：她杀

① 他们的退出发生在 *Avengers*, vol. 1, #49 (February 1968), reprinted in *Essential Avengers Vol. 3* (2001)中。

死了数名复仇者,包括她的老友鹰眼以及旧爱幻视。[①] 在那之后,她在弟弟的劝说下,运用自己改变现实的能力,将整个世界变为"M皇室",一个由万磁王实行变种人精英统治,欺压人类的社会。[②]

皮特罗与旺达是万磁王的孪生子女。他们是否从父亲身上继承
118 了某种反复无常或邪恶堕落的基因?虽然这一问题的结论似乎显而易见,但有一种答案更加简单。[③] 我们在上文看到,鹰眼的成功有赖于重新修正他已有的性格特征,但这些性格特征本身并不是改造之路上的真正障碍。如果我们将目光转向皮特罗与旺达,会发现他们的经历确实在他们身上留下了一些痼习,而这足以阻碍他们成为社群中的守法公民。

与漫威宇宙众多变种人所经历的一样,快银与猩红女巫自年幼时起便受到迫害。这也促使他们加入了万磁王的邪恶变种人兄弟会,一个比起消除偏见更关注统治世界的组织。由于不满兄弟会的所作所为,这对兄妹退出了组织,申请加入复仇者联盟。快银是这样解释的:"复仇者联盟也许会接受我们,他们不会在意我们是不同的——不会一直提醒我们——我们是变种人!!"[④]旺达只是勉强照做,实际上她宁愿不再使用超能力,去过默默无闻的生活。我们可以从这一点上看出两人有所不同的平衡性性格特征。皮特罗傲慢自

---

① 《复仇者解散》(*Avengers Disassembled*)(2005)。有关猩红女巫与幻视的恋情,参见本书中查尔斯·克莱曼所著章节《复联式爱情:机器人能否爱上人类?》。

② *House of M* (2006).

③ 更多有关皮特罗与旺达从父辈那里受到的影响,参见本书中杰森·索斯沃斯与露丝·托尔曼所著章节《复仇者联盟:地表最强家族》。

④ *Avengers*, vol. 1, #16 (May 1965), reprinted in *Essential Avengers Vol. 1* (1998).

大，极度重视自己的超人类（Homo superior）——漫威宇宙中变种人的"学"名——地位。他希望加入复仇者联盟，这样一来便能够合理地施展自己的超级速度。而旺达向往的是正常的生活，她宁可舍弃自己的变种人身份。

快银的傲慢自大令其与鹰眼及美队摩擦不断，但也不由地渐渐对他们产生敬意。然而，这仍不足以抵消他对于人类整体的厌恶。他曾告诉姐姐，人类"始终戒备一切与变种人有关的事物……可他们才应当取悦我们！"。① 这不是英雄应有的态度，快银的这种优越感无疑是其故态复萌的原因。他感到自己理应受到一定程度的尊重，但公众对他只有恐惧。因某次爆炸事件误遭责备的他说道："我已经 119
快要受够他们的侮辱与怀疑了……而我必将反击！"②除了傲慢自大之外，皮特罗的另一个关键特点是对孪生姐姐的感情。当旺达在战斗中受伤后（由万磁王暗中造成），皮特罗的第一反应就是带她离开并退出复仇者联盟。他最终回归复联，也是因为他的姐姐遇到了危险，而他需要帮助。③

从那一刻起，皮特罗与复仇者联盟之间便不得安宁。他不仅反复加入与退出，还因为试图施行某些恶劣的阴谋而与其他成员大起冲突。旺达的复仇者任期则平静许多，但她后来利用自己的超能力摧毁了复仇者联盟，并将世界重塑为变种人的天下。旺达最关键的

---

① *Avengers*, vol. 1, #45 (October 1967), reprinted in *Essential Avengers Vol. 2* (2000).

② *Avengers*, vol. 1, #46 (November 1967), reprinted in *Essential Avengers Vol. 2* (2000).

③ *Avengers*, vol. 1, #75 (April 1970), reprinted in *Essential Avengers Vol. 4* (2005).

特点是对正常生活的渴望——在身处复联时得以实现。与弟弟不同，她更愿意封存过去，让自己专注于当下。

亚里士多德在探讨品性问题时，将品德高尚之人与**自我节制**(continent)之人加以区分。品德高尚之人始终行正确之事，是因为他们乐于如此。比如，勇者总是乐于勇敢无畏。而自我节制之人的勇敢无畏却并非心甘情愿。他们这样做或许只是因为这是“正确的事”，并且将之视为一种负担。品德高尚之人不会偏离道德准则，但自我节制之人可能会在某些情况下失足。快银与旺达似乎都属于自我节制的类别，而非品德高尚。他们的经历使其难以真心满足于自己的英雄义举。相反，鹰眼乐于成为英雄。如此一来，我们便不会讶异于万磁王的子女(尤其是皮特罗)这种积重难返的倾向[即法学家所说的**累犯**(recidivism)]。

120

旧人与新习

在人们以为复仇者被狂攻(Onslaught)屠杀殆尽的时候(在“英雄重生”宇宙中确实如此)，邪恶大师伪装成名为雷霆特攻队的超英组织。① 可不久之后，团队中的一些成员发现自己颇为享受超英身份，转而与队长泽莫男爵反目成仇。当鹰眼得知部分雷霆特攻队成员声称自己已经改邪归正，他勃然大怒。按照其一贯的鲁莽行事风

---

① *Thunderbolts* #1 (April 1997), reprinted in *Thunderbolts Classic Vol. 1* (2011).

格，鹰眼向雷霆特攻队宣战。① 为何在加入复联时有过类似经历的他，会如此怀疑雷霆特攻队的改邪归正呢？

首先，鹰眼改邪归正之前的犯罪经历时间短暂，而大多数雷霆特攻队成员长期以来都是反派，直到他们开始冒充（继而决定成为）超级英雄。类似于美德与自制，邪恶（vice）与失控（incontinence）同样有所差别。邪恶是一种负面个性，比如残忍，而失控更像是在践行正面个性（比如友善）时缺乏不为多余想法所动摇的自制力。残忍的人会伤害他人并从中获得满足，而冲动的人可能会伤害他人，但也会感到悔恨。因为后者并非真正邪恶之人，所以他们的人格仍未定型。失控的人能够吸取教训，摆脱恶习，培养良习。例如鹰眼，他从未因犯罪行为获得过满足，并且反感自己与黑寡妇搭档时的所作所为。因此，鹰眼具备了改邪归正的前提条件。

然而一个人从事犯罪活动的时间越长，越有可能堕落成邪恶之人。我们可以在雷霆特攻队原始成员身上发现这一点。月光石终其一生致力于操纵他人以达到自己的目的。所以当鹰眼提出由他来领
导雷霆特攻队，为他们提供将功赎罪的机会时，她表示支持，因为她 121
认为自己能够控制鹰眼。她甚至试图引诱鹰眼，最后仿佛还对他产生了真的感情——这种感情似乎违背了她操纵对方的初衷，意味着她可能真的会改邪归正。但是，他们的关系还是破裂了，月光石也重蹈覆辙。她操纵他人的本能来源于自身，是她邪恶人格的一部分。

与此形成对比的是另外几位雷霆特攻队成员，他们最初加入邪

---

① *Avengers*, vol. 3, #8 (September 1998), reprinted in *Avengers Assemble Vol. 1* (2004).

恶大师是受境遇所迫——能够导致反社会行为的境遇。鸣啼鸟(Songbird)[早期身份是名为尖叫咪咪(Screaming Mimi)的反派]曾经受到自己父亲的虐待，之后又受到犯罪搭档虐待。她由此引发的恶行只是一种自我保护方式。当她逐渐获得安全感后，便更加适应超级英雄的身份，最终成为专门关押超级反派的木筏监狱的典狱官，由卢克·凯奇领导。① 鸣啼鸟的安全感部分来自她与艾伯纳·詹金斯(Abner Jenkins)的恋情。詹金斯的前身为甲虫(Beetle)，现称为马赫1号(MACH-1)，一个自行打造超级战衣并为非作歹的机器人。他亲口承认，自己只是想要获得尊重，这也是他加入雷霆特攻队的原因。后来的他摒弃了邪恶人格，蜕变为英雄。与月光石不同，鸣啼鸟与甲虫身上并不存在过于固化、无法改正的负面性格特征，因此，他们得以成功地改邪归正，变身英雄保卫世界。

复仇或拯救？

鹰眼接管雷霆特攻队后，谎称超人类委员会已经同意，只要他们选择成为超级英雄，就能得到赦免。事实上，鹰眼与委员会交涉赦免
122 问题时，被告知绝无可能宽恕这些造成致命威胁的惯犯。其中一位成员以一个简单的问题如此总结他们的反对理由："如果他们从现在开始表现良好，便无须为过去的罪行付出代价了？"②这是大多数人

① *Thunderbolts* #144 (July 2010), reprinted in *Thunderbolts: Cage* (2011).

② *Thunderbolts* #21 (December 1998).

表示反对的核心理由，改造不应代替惩罚：以改造的方式应对犯罪行为似乎是一种不公，或者至少有失妥当。

惩罚的哲学理据大致可分为两类：威慑（deterrence）与报应（retributivism）。威慑侧重于犯罪的预防，惩罚罪犯既能够防止他们犯下新的罪行（具体威慑），又能够起到防止他人犯罪的作用（一般威慑）。威慑主义的支持者担忧的是，改造计划如果被视为逃避传统惩罚的“柔和”方案，可能会导致犯罪率升高。另一方面，推崇**报应**主义的人认为罪犯理应受到惩罚以体现正义，不应考虑惩罚的有益效用。在接管雷霆特攻队之前，鹰眼强调团队中所有谋杀犯都将被追究，因为谋杀“是我无法视而不见的犯罪，无论你之后的表现多么英勇都不能粉饰”。① 报应主义者提出了多种理由以说明犯罪理应受到惩罚：一部分人主张惩罚恢复了被犯罪行为破坏的是非平衡，另一部分人则强调谴责或反对不法行为的重要性。②

我们可以理解人们不愿放弃惩罚惯犯，但这种倾向常常在遇到青少年罪犯时动摇。我们在此类情况下陷入两难，一方面希望给予年轻人自我救赎的机会，另一方面又生怕他们误以为自己的罪行并未严重危害社会。终结诺曼·奥斯本的“黑暗王朝”之后，复仇者联盟需要决定如何处置被奥斯本囚禁折磨以激发其超能力的少年。复
仇者联盟担心这些孩子由于深受奥斯本的折磨，外加自身超能力的 123
致命副作用，极有可能成为未来的超级反派。

---

① *Thunderbolts* #21 (December 1998).

② 更多有关惩罚的哲学讨论参见 Antony Duff, “Legal Punishment,” *Stanford Encyclopedia of Philosophy*, http://plato.stanford.edu/entries/legalpunishment。

为了预防这种情况，汉克·皮姆提议成立复仇者学院，将这些青少年培养为超级英雄。但不久之后，学员们破解了皮姆的档案，发现学院的存在并不是为了培训极具英雄潜力的人，而是试图矫正那些极具反派潜力的人。① 复仇者学院很快迎来了考验，几名学员私自围攻反派红兜帽（Hood），为他们遭受袭击的老师虎女报仇。② 当虎女得知学员的所作所为后，她的第一反应便是开除所有涉事人员。然而皮姆认为这过于严苛，并召开会议讨论如何惩罚相关学员。另一位学院教师速球（Speedball）——曾参与造成600人丧生的斯坦福德事件（内战的导火索）——反对开除这些学员，因为“这些孩子并没有做什么无法挽回的事”。③ 最后相关学员进入察看期，并被告知如若再犯，将被逐出学院。这些少年在入学前或许身世悲惨，但并非屡教不改的犯罪分子。在他们的案例中，改邪归正似乎（更加）具有合理性，因为他们还有一生的时间去成为善良高尚之人。

未来的希望？

康，复仇者联盟的宿敌之一，看上去却不是理想的改造对象，但我们还是给这位跳跃时间的暴君一次机会吧。康曾一度穿越到过

---

① *Avengers Academy* #1 (August 2010), reprinted in *Avengers Academy: Permanent Record* (2011).

② *Avengers Academy* #8 (March 2011), reprinted in *Avengers Academy: Will We Use This in the Real World?* (2011).

③ *Avengers Academy* #9 (April 2011), reprinted in *Avengers Academy: Will We Use This in the Real World?* (2011).

去，从恶霸手中救下了被毒打的自己，之后又向年轻的康展示了未来
的自己将会完成的一切“伟大”事业。不过，年长的康并不指望年轻 124
的自己被未来的景象震撼。年轻的康也确实无法认同自己的未来，反而窃取了年长的康的时间旅行技术，回到了更遥远的过去。他变身为钢铁小子（Iron Lad），组建了少年复仇者以对抗康。[①] 为了保护朋友，钢铁小子杀死了康——也就是说，他杀死了自己，尽管是不同版本的自己。康的这一做法使事实发生改变，在新的现实里，复仇者早已逝世，许多少年复仇者从未出生。钢铁小子随即意识到他必须回到自己所在的时间点，成为后来的康，才能避免未来的自己死于自己之手。[②]

钢铁小子的故事说明了本章所讨论的多个主题。诸如康这样执迷不悟的反派若想转变为英雄，唯一的方法是在青少年时期遏制住尚未固化的邪恶本性。实际上如果不是康的出现，年轻时的他遭受的那次毒打正是促使他向反派转化的催化剂。逃脱了这段经历，康的聪明才智与冒险精神引领他走向了完全不同的方向。我们也能看到钢铁小子身上的善良品质，因为他可以为了公共利益做出最大的牺牲：他放弃了身为英雄存在的自己，以拯救他的朋友。还有更多证据表明康的性格发生了根本性的变化，除此之外，复活后的幻视是以钢铁小子的脑波模式为原型的，重新加入复仇者联盟的他也依然是一位值得信赖的英雄。

---

① *Young Avengers: Sidekicks* (2006).

② 更多有关时间旅行（及康）的悖谬的内容，参见本书中安德鲁·齐默曼·琼斯所著章节《康能否杀死过去的自己？时间旅行悖谬》。

少年复仇者——至少比美队的疯狂四重奏年轻一代——同样是改造胜于惩罚的绝佳例证。爱国者是以赛亚·布拉德利，即《美国队长：真相》(*Captain America: Truth*)(2009)中的“黑人美国队长”的孙子。爱国者希望像自己的祖父那样成为一名英雄，却未能遗传对方的超级士兵生理机能。因此，为了加入少年复仇者，爱国者声称自己通过输血获得了祖父的超能力。为了维持这一谎言，他开始摄入变种人生长激素[MGH (Mutant Growth Hormone)]，增强自己的
125 力量与耐力。由于这是非法药物，他只能通过搜查药贩获取药品。[①]

一次，他试图从某个超级反派的实验室里夺取激素，计划却出了问题，谎言就此暴露。虽然爱国者非法持有变种人生长激素，但没有人认为他应当受到惩罚，这大概是因为他的初衷是善意的，并且犯罪时间不长。最重要的是，他认识到欺瞒队友的自己理应退出少年复仇者。爱国者的平衡性性格特征(乐于助人、忠于团队、激励同伴)是其得以真正成为英雄的根源。其他少年复仇者也是这样认为的，他们邀请爱国者重新加入队伍，再次证明了改造高于惩罚的价值。

复仇者，改邪归正！

在某些情况下，改造可以被视为一种可行的替代方案。在人格发展早期，邪恶性格特征尚未真正形成前进行改造，效果最佳。如果

---

① *Young Avengers: Family Matters* (2007)；少年复仇者的全部连载内容均重印于精装单行本合集《少年复仇者》(*Young Avengers*)(2008)。

犯罪行为并非不可饶恕，那么改造罪犯或许是合理的应对方法。最后，我们需要确认接受改造的对象已在尝试抵抗其平衡性性格特征带来的负面影响。爱国者自愿放弃少年复仇者的身份就体现了某种悔意，这让他值得获得第二次机会。不过鹰眼似乎总是例外。为了打动复仇者联盟，他闯入大厦，束缚贾维斯，又用高难度的射技释放了他——以这样的方式宣称自己了断犯罪生涯，愿为地表最强英雄，可以说既没有效果也没有诚意！① 值得注意的是，改造机会应当赋予那些表现出英雄潜力的前科罪犯，比如关心他人，却不关心自己的英勇行为能否得到奖赏。在美队的疯狂四重奏的三位"问题"成员里，只有鹰眼的改邪归正是显而易见的，因为只有他的平衡性特征真正预示了未来的英雄前路。

① 鹰眼加入复仇者联盟的反常过程最近在《鹰眼：盲点》(*Hawkeye: Blindspot*)(2011)中被重新设定了。在新的设定中，是贾维斯让鹰眼进入大厦的，并且他也是自愿参与这一诡异事件的，因为鹰眼冒着生命危险从抢劫犯手中救下了贾维斯的母亲。这次重设同样说明，改造机会应当赋予表现出正当平衡性特征的人。

第四部分

复仇者越界了吗？

10 131

为正义而战：军事伦理学与克里-斯克鲁战争

克里斯托弗·罗比肖(Christopher Robichaud)

在复仇者联盟接连不断的英勇战绩中，他们参与克里-斯克鲁战争时的表现尤为引人注目。这是两个高等外星文明之间的星际冲突，波及多个星系，跨越数千年之久。① 无所不能的复仇者联盟在对阵指控者罗南(Ronan the Accuser)、至高智慧(Supreme Intelligence)、能够变换外形的斯克鲁人以及克里人哨兵459号(Sentry 459)时，似乎力不从心，远落下风。当他们发现克里人罗南企图逆转人类的进化历程，或是得知(深受斯克鲁人左右的)政府以同谋指控打击复联
时，他们显然并未做好应对多股敌对势力的准备。当然，在热爱20 132
世纪40年代超英人物的里克·琼斯(Rick Jones)的友情帮助下，最终的胜利属于复仇者联盟。虽然复仇者联盟参与这场战争可能完全出于正义，但当我们从军事伦理学的角度回溯克里-斯克鲁战争时，

---

① 本章所讨论的故事收录于《复仇者联盟：克里-斯克鲁战争》(*Avengers: Kree-Skrull War*)(2008)，是《复仇者联盟》第1辑第89—97期(1971年6月—1972年3月)的重印本，该连载内容也曾(以黑白印刷形式)重印于《复仇者主刊第4辑》(*Essential Avengers Vol. 4*)(2005)。

会发现许多问题并不简单。

克里-斯克鲁战争的切入点

起初复仇者联盟对克里-斯克鲁战争并不知情,直到他们与惊奇队长——曾为克里高级军官的马-维尔(Mar-Vell)①起了冲突,进而无意间被卷入其中。在我们开始进入航天时代之时,马-维尔被克里派往地球从事间谍工作。他的任务是监视超级英雄的出现以及我们爆发式的科技进步,这也是克里帝国所关心的问题。但是马-维尔抵达地球后心态发生变化,不再听从指令,反而成为惊奇队长以守护地球(也成为克里人眼中所谓的叛徒)。

在《复仇者联盟》的克里-斯克鲁战争故事线之初,真正的克里叛徒指控者罗南成功地暂时推翻了克里领导人的统治,也就是名为至高智慧的计算机生命体。罗南的动机一部分来自对于权力的渴望,同时他也认为克里应当由克里人自己管理,而不应听命于一台机器。② 由于认识到地球在战略上的重要性,加上人类过于迅速的发展导致的威胁感,罗南决定将占领地球列为维持其克里政权的核心计划。如果能在此过程中除掉惊奇队长,则是额外收获。

因此对于复仇者联盟来说,克里-斯克鲁战争的开端是面对一个

---

① 漫威电影宇宙设定为女性。——译者注

② 更多有关机器生命体及其与人类相比所处的地位的讨论,参见本书中查尔斯·克莱曼所著章节《复联式爱情:机器人能否爱上人类?》。

想要保护地球的克里人，以及另一个想要占领地球的克里人——而斯克鲁人还未登场！如果你觉得事情好像有点复杂，别担心。克里- 133
斯克鲁战争故事线的杂乱程度众所周知，连死忠漫画迷都不禁抓耳挠腮。不过，无论叙事上有何漏洞，按照军事伦理学的观点，这些复杂情况赋予了虚构战争故事相当重要的真实性。当现实中发生军事冲突时，事情从不简单，情节永远曲折，尤其是在道德伦理层面。

国家发动战争时通常会使用那些非黑即白的道德说辞。我们是好人，打的是坏人；我们的士兵是英雄，他们的士兵是恶棍；诸如此类。这样一来，一切似乎简单明了，井井有条，然而克里-斯克鲁战争绝非如此。了解战争的复杂性——即使是通过超级英雄漫画书里的战争——有助于我们理解现实世界里与战争相关的道德难题。至少，我们将会意识到自己对于战时政府、个人以及某种具体行为的道德判断应当比我们最初预想的更加细致、慎重——并且是的，还应更加复杂。

星际战争打响，敬请参与

指控者罗南领导克里人对抗斯克鲁人的计划之一就是“退化”人类，使地球沦为他的基地。如果能够实现这一点，可谓一举两得：一方面可以根除人类未来可能对克里造成的威胁，另一方面也为打击斯克鲁人提供了战略据点。在这种情况下，复仇者发现自己恰好处在这场宇宙级别的冲突的中心。他们应该加入哪一阵营呢？为了回答这一问题，复仇者联盟必须首先确定这两方阵营是否在道德上具

有参战的正当理由，而这往往不像我们想象中那样简单。但在克里-
134 斯克鲁战争的案例中，复仇者联盟无须立刻决定谁才是正义的一方，因为他们在这场冲突中的主要任务十分明确：保护地球。根据**正义战争理论**（just war theory），这是参与战争最强有力的理由：自卫。

正义战争理论最重要的议题之一，便是如何判定一个国家是否具备向另一个国家发起战争的正当性。当代哲学家迈克尔·沃尔泽（Michael Walzer）认为，道德容许的战争必须具有正当**理由**（just cause）。① 学者对于这一术语的具体含义意见不一，但按照我们的讨论方向，"理由"可以被理解为人们关心或力图争取的目标，也就是发动战争的**原因**。② 而对于沃尔泽及部分学者来说，一个国家在道德上所能具备的最强有力的参战理由，即在面对侵略行为时进行防守。

侵略行为往往同时侵犯了一个国家的政治主权及领土完整。而所有国家均有权保有这两者，根据沃尔泽的观点，这一国家权利根植于公民个体所持有的权利中。因此，一个国家侵略另一个国家的行为侵犯了公民的权利，使得他们有权保护自己免受此种侵犯。不过值得注意的是，我们并不拥有进行自卫的绝对权利。比如，我们不应通过彻底毁灭俄罗斯以防御针对阿拉斯加的军事入侵，这种应对方

① 参见其著作 *Just and Unjust Wars: A Moral Argument with Historical Illustrations*, 4th ed. (New York: Basic Books, 2006)。更多有关沃尔泽与正义战争理论的内容，参见本书中路易斯·P. 梅兰松所著章节《秘密与谎言：全局利益下复仇者联盟的价值观妥协》。

② 沃尔泽的著作对于这一问题的探讨比本章的内容详尽许多。有关战争道德性的简明而深入的介绍，参见 Brian Orend, "War," *Stanford Encyclopedia of Philosophy*, http://plato.stanford.edu/entries/war。

式与所受攻击程度不成正比。我们也不应在尚未穷尽包括外交谈判在内的所有另选方案时直接使用武力。某些正义战争理论家甚至认为，如果我们有足够的理由相信战争并不能阻止侵略，便不应以武力方式进行自卫，因为战争造成的伤害可能远远大于它的积极效果。

在考量复仇者联盟参与克里-斯克鲁战争的动因时，我们却不能一概而论。最明显的问题是，这场战争涉及的对象并不是各个国家，而是整个种族：克里人、斯克鲁人、地球人。沃尔泽观点的基础是一个国家的侵略行为侵犯了另一个国家的政治主权及领土完整。但地 135
球作为一个整体并不具备这样的主权，因为它不是政治实体。尽管如此，我们仍可以将这场针对人类的不正当攻击视为罗南领导下的克里“帝国”同时侵略地球所有国家的行为。虽然罗南打击人类的计划是从北极圈内一个遥远基地开始施行的，但他的“返祖计划”(Plan Atavus)的目标无疑是全人类。

所以当复仇者联盟登场时，这项计划已在进行之中。人类正遭受着攻击，防御战争——由复仇者联盟的反击拉开序幕——因而具有道德上的正当性，只要其他条件保持不变。消灭罗南是否符合“正比”要求？似乎是符合的，毕竟他们的目的不是摧毁整个克里帝国。复仇者联盟的反攻是否为最终且唯一的办法？诚然，复仇者并没有花费太多时间与罗南交涉，但与漫画中的多数反派一样，他显然不是一个接受理性讨论的对手。复仇者的反击能够减轻这场冲突的整体危害吗？他们面临一场激战，而人类的赌注太过高昂，他们没有任何理由认为自己将会失败。

罗南是否正义？

我们已经确认罗南退化人类的企图属于侵略行为，一场针对地球人类的非正义战争，同时也为复仇者联盟的自卫反击提供了正当理由。然而在克里人眼中显然并非如此：罗南的目的是防止我们将来对克里帝国造成威胁。

为了便于讨论，让我们假设这是罗南发起“返祖计划”的唯一理由。那么这场预防性战争在道德上是否具有正当性？预防性战争的攻击对象并未造成直接威胁，但被视为未来的潜在威胁。部分正义
136 战争理论家认为，类似的战争从结果主义的角度来看是正义的，因为如果侵略行为能在发生前得到阻止，人员伤亡数量将会大大减少。

预防性战争的问题十分明显，我们往往难以判断一个国家的意图。如果没有强有力的证据，发动预防性战争似乎毫无道理。如果仅凭一个国家可能在未来某一天危害另一个国家的预感（或声称收到了这样的情报）便发动战争，那么战争将成为常态。我们会面对无休止的战事，身处无人向往的世界。这并不是说我们绝无可能掌握某个国家长期阴谋的确凿证据，但我们不得不承认这种情况极其少见。

对于克里帝国来说，显然没有足够的证据表明，我们会在科技发展到一定程度时构成威胁。在复仇者联盟被卷入之前，地球人甚至不知道克里帝国的存在！除此之外，克里人的忧患意识似乎与我们的所作所为无关，而是他们自身的历史遗留问题。万古以前，斯克鲁

人周游各个星球寻找贸易伙伴。当他们来到哈拉(Hala)行星时，遇到了科塔蒂(Cotati)与克里这两个种族，双方互相竞争，胜者即成为斯克鲁人的贸易伙伴。科塔蒂人胜出后，克里人突然袭击对方以及斯克鲁人，并窃取后者的技术加以改进，在进攻斯克鲁时为自己所用。克里-斯克鲁战争由此展开。

基于他们自己的行为，克里人难免会怀疑，一旦我们星球的科技
发展到充分地步，地球人也会在探索星系的过程中挑衅其他种族。
鉴于人类几乎无法也不愿与他人和平共处的过往表现，这种推测并
非全无根据。尽管如此，这样的推测仍然不足以支撑罗南领导下的 137
克里帝国对一个种族进行毁灭性打击的计划。即使是预防性战争，
也应是外交手段无效下的最后策略，而不应当作头炮打响。

狡猾的斯克鲁人

有关克里人的讨论到此为止——那么斯克鲁人呢？他们只是被克里侵略的受害者吗？起初或许如此，但当复仇者加入战斗时，斯克鲁人与克里人的战争已经持续了数千年。并且，能够变换外形的他们同样秘密潜入地球，在不同时期假扮成超级英雄、政府官员甚至是牛类。① 与克里人类似，他们也认为地球在这场长期冲突中具有重要的战略性地位。而与克里人不同的是——尤其是与罗南不同——他们没有直接攻击我们。我们可以在故事里看到，斯克鲁人当前的

① 是的，牛类，尽管不是自愿的，只是与神奇四侠交战后的下场。

目标是抓捕马-维尔并逼迫他制造一种名为全能波发射器（Omni-Wave Projector）的设备，以作为他们对抗克里人的武器。

让我们假设此时此刻的斯克鲁人与克里人对战是出于正义，是在敌人——建立在暴力及技术窃取之上的帝国——的侵略下保护自己。马-维尔虽已不再是克里军官，但他也不愿向斯克鲁人提供针对同胞的大规模杀伤性武器。我们很难看出斯克鲁人选用这种武器的正当性，尽管双方间的战争已经持续了无数世纪，摧毁了无数生命。即便假定仅仅是持有这件武器并进行威慑便可以结束战争，斯克鲁人能够采取何种合法方式令惊奇队长交出设备？在军事伦理学层面，问题不在于道德容许我们在什么情况下**发动战争**，而在于战争期间道德容许我们**做些什么**。

138 斯克鲁人的第一个方法是，利用自己变换外形的能力伪装成卡罗尔·丹弗斯（马-维尔的盟友及未来的惊奇女士）骗取惊奇队长的信任，劝说他建造全能波发射器。他的确听从了建议，但也很快识破了斯克鲁人的诡计并立刻摧毁了仪器，令克里人幸免于难。不过，斯克鲁的骗局是否具有正当性呢？大部分人不会特别介意谎言或其他形式的欺骗，尤其是在危在旦夕的情况下。如果持有这件设备的斯克鲁人能够平息战争（无论是否必须使用它），那么策划骗局或许是正当的，因为这不会造成大量的人员伤亡。①

① 更多有关隐瞒与欺骗的伦理学讨论，可参见前注中提到的梅兰松所著章节。

扭曲的逻辑

但斯克鲁人接下来的做法则更加令人质疑。斯克鲁皇帝威胁惊奇队长，如果不为**他们**建造仪器，就杀死被俘的猩红女巫与快银。他不认为这违背了《天炉座公约》(Convention of Fornax)——与我们的《日内瓦公约》类似，是防止克里-斯克鲁战争中的士兵被敌方虐待的条约。然而他的看法正确吗？以处决其挚友及同盟威胁惊奇队长——如果他不制造发射器，将不得不眼睁睁看着他们死去——是否属于刑讯？

答案似乎是肯定的——即使这可能只是虚张声势。意图对战俘造成巨大心理压迫感以获取信息的行为同样属于刑讯：例如经常性的性羞辱，逼迫对方目睹其视为神圣的事物遭到亵渎，剥夺睡眠时间，或者使其听见其他俘虏受体刑的声音。在惊奇队长的例子里，威胁他必须执行某事，否则将目睹挚友的死亡即为刑讯。那么，道德是 139
否容许斯克鲁人这样做呢？

这种行为应被视为刑讯的事实也许已经足以回答这一问题。对许多人来说，思考刑讯是否正当是没有意义的。但在大多数军事伦理学家看来，是否所有刑讯行为都不被允许依然值得讨论，甚至认为刑讯始终是不法行为的人们也在具体原因上各持己见。按照部分人的说法，所有问题的关键都在于结果。根据这一观点，刑讯——无论是付诸行动还是止于威胁——导致的后果大于效果。也就是说，刑讯获得的也许不是有用的信息，而是错误信息，以及随之而来的无效行动，甚至可能是报复性的虐待。这种观点的逻辑与名为**结果主义**的道德理论相符，结果主义者强调行为正确与否仅由其产生的结果决定：具体来说，即这些行为是否实现了整体利益的最大化。

而另一种观点认为，即使结果有利，刑讯仍是不可取的——即使我们能够得到有价值的信息，因而做出有效的行动，并且我们的士兵不会因此面临危险。在这种观点看来，刑讯未能给予敌方士兵及参战人员所有人应得的道德尊重。追随哲学家伊曼努尔·康德(Immanuel Kant)(1724—1804)的脚步，这一立场的支持者认为刑讯将人当作工具(means)而非目的(ends)对待。① 仅仅为了得到有用的信息而对某人造成巨大的心理压迫感，等同于利用对方，未能尊重他或她的完整人格。这种对于刑讯的看法大致属于**义务论**的范畴，义务论者坚持，行为本身的道德性比单一的结果更加重要。每种行为均有其内在的道德价值，无论结果如何。②

至于哪一种观点更好地说明了人们对于刑讯的普遍看法，我们暂且不下定论。但可以确认的是，我们已经有足够的理由反对刑讯
140 这种行为。而如果我们认为刑讯是不当的，那么即使斯克鲁人的参战具有正当性，即使发射器能够在避免人员伤亡的前提下平息战争，为了达到目的而折磨惊奇队长仍然是错误的行为。如果上文那些尚未确定的假设并不成立，我们甚至可以得出结论，无论斯克鲁人为何加入这场战争，他们早已不再是无辜的参与者。

---

① 参见康德所著 *Groundwork of the Metaphysics of Morals*, Section Ⅱ。

② 更多有关结果主义与义务论的讨论，参见本书中马克·D. 怀特所著章节《元祖复仇者的超级英雄伦理课》。

战火不熄

谁是克里-斯克鲁战争的赢家？谁都不是。故事里，受到打击——但绝不可能被打败——的至高智慧在最后一刻加入战局，借由名誉复仇者里克·琼斯之手停息了这场战事。然而熟悉这两个外星种族的读者们都知道，这并不是结束。不久之前，斯克鲁人在《秘密入侵》(2008—2009)中再次侵略地球，他们干涉地球事务的黑暗面也浮现出来。不过此刻的我们已经有所收获，以克里-斯克鲁战争为例分析了军事伦理学家关注的一系列问题，这些问题与我们所有人息息相关，始终值得我们审慎思考。①

① 感谢维基百科及论坛上的忠实漫画迷们，你们填补了我的知识空白，让我能够更加全面地理解“克里-斯克鲁战争”中出现的角色。

142

11

秘密与谎言：全局利益下复仇者联盟的价值观妥协

路易斯·P. 梅兰松(Louis P. Melançon)

> 复仇者联盟不隶属于任何国家或政府。我们是，并且一直是地球上最强大的英雄。我们为了这颗星球上的每一个人而存在，不分性别，不论年龄。我承诺，我们将平等对待你们所有人。
>
> ——汉克·皮姆①

超级英雄有义务按照一定的原则行事。比如，当一位母亲抱着孩子过马路时，别让某个发狂的怪兽把 20 世纪 70 年代中期生产的
143 小轿车扔向她们。(或者至少确保她们不要被击中。)这些原则通常会在超级英雄组队时正式确立，而大多数复仇者联盟成员都能达到要求。复仇者联盟最初的创始成员甚至特地将他们的一系列职责编纂成法典的形式，后来各个版本的团队都遵循这一章程，除了黑暗复仇者。(但考虑到黑暗复仇者全都是一些谋杀犯和心理变态，他们其

---

① *Mighty Avengers* #24 (June 2009), reprinted in *Mighty Avengers Vol. 5: Earth's Mightiest* (2009).

实不属于我们的讨论范围。不好意思了，诺曼。）①这份章程明确了复仇者联盟的定义，以及个人身为一名复仇者的意义：遵守一系列原则与规定。然而无论是在现实世界还是漫威宇宙中，我们都难以——甚至无法——时时刻刻遵循所有的条条框框。

在遵守规则与达成目的产生矛盾的情况下，尤其如此。有时我们必须做出妥协。这里所说的并不是战斗处于白热化阶段时发生的事情，也不是指按原则行事后却得到了意外的结果。我们所说的是为了达到某种目标或条件而蓄意违反规则的决定与行动。这样的决定及行动是否会破坏身为复仇者的意义，是否会改变世人对于复仇者联盟的看法？是否存在一定的界限，阻止我们继续退让——如果存在，我们如何确定界限的具体位置？

理解规则

汉克·皮姆在本章开头的引言中指出，复仇者联盟有责任保护地球人类免受各类威胁。这种以某种行为是否履行规定责任判断其道德性的伦理体系被称为**义务论**。事实上，遵循义务论原则似乎就是身为复仇者的意义。

让我们假设存在这样一条直线：一端是复仇者联盟确立的一系

---

① 有关黑暗复仇者的更多内容，参见本书中罗伯特·鲍威尔所著章节《诺曼·奥斯本的自我堕落：警示录》及莎拉·多诺万与尼克·理查森所著章节《照亮黑暗复仇者》。

144 列约束自身行为的义务论原则，另一端是**结果主义**。按照结果主义的观点，行为的道德性由其整体结果决定，比如在斯克鲁人的入侵下挽救尽可能多的民众。鉴于我们想象中的这条直线位于两点之间，那便让我们用鹰眼的箭来标识介于两端的某种观点或决定。如果这个世界非黑即白，那么这支箭只会停留在义务论这一端，我们的英雄也不会面临质疑自己所定规则的矛盾。然而复仇者联盟所在的世界至少包含四种颜色①，因此这支箭偶尔会偏离这一端，沿着直线滑向结果主义，也就是说，复仇者联盟可能需要为了达成目的在履行责任上做出妥协。②

能够在直线上移动鹰眼之箭的决定与行动数不胜数，我们将特别关注两点：秘密与谎言。秘密是个人或集体不愿让其他人（或其中一部分人）知道的信息。秘密本身可被视为无关道德（amoral）（既非道德也非不道德）：没有人会要求你告诉所有人所有事（想想生日礼物和惊喜派对吧！）。秘密的道德问题在于谁是被隐瞒的人——以及具体原因。另一方面，说谎——蓄意提供给他人错误或歪曲的信息——在本质上属于欺骗，因此通常被认为是不道德的。可想而知，谎言与秘密往往相伴而行，我们常常通过说谎保守秘密。虽然说谎

① 应指印刷全彩漫画书所用的四色印刷模式，即使用青（C）、品红（M）、黄（Y）、黑（K）四种颜色复制原稿颜色。——译者注

② 鹰眼之箭偏离后的方向也许就是我们所说的**规则功利主义**（rule utilitarianism），即认为人们应当遵循能够达成最佳整体结果的规则。与**情境功利主义**（act utilitarianism）（“典型”功利主义）相比，这往往更容易令人接受，因为规则功利主义理论建立在各种经验法则之上（“不能说谎”），而情境功利主义则要求每次面临道德困境时进行新的考量（“这次可以说谎吗？”）。但规则功利主义的问题在于，遵循规则也许会适得其反，尤其是当你确定这样做不会有好结果时——而鉴于这样的事情永远有可能发生，情境功利主义也就永远有其必要性。

常被归为错误的行为，但在某些情况下，这符合复仇者联盟的义务论行事原则：比如为洗脑后被当作杀手培养的青少年提供新的身份，即证人迁移计划（witness relocation program）的其中一个环节。① 与秘密一样，谎言所欺骗的对象及背后的动机至关重要。

掩盖真相 145

数年前，漫威宇宙中的美国政府通过了《超级英雄注册法案》，要求所有超级英雄登记并公开自己的秘密身份，由此导致了钢铁侠代表的注册派与美国队长领导的地下反抗队伍展开“内战”。② 在此期间，奇异博士——我们所在次元的至尊法师（Sorcerer Supreme）——完美扮演了瑞士：他去往冰天雪地之间冥想。③ 斯特兰奇希望远离势必分裂超英的暴力纷争，将自己的“箭”稳稳当当地置于我们伦理范围的义务论一端。无论站在哪一边，参与注册法案引发的事件都违背了他的义务。但他无法永远保持中立。政治风暴稍有平息，美国队长（表面上）被杀，一组“新”复仇者阵容从托尼·史塔克的团队中脱离出来。在这种情况下，斯特兰奇决定将标记微微移向结果主义那一端，重新加入战斗，支持秘密行动的新复仇者打击犯罪与恶行。

---

① *Captain America and the Secret Avengers* #1 (May 2011).

② *Civil War* (2007)，收录了连载于 2006 年至 2007 年的七期《内战》迷你系列。

③ *Civil War* #6 (December 2006).（瑞士是国际公认的永久中立国。——译者注）

为了帮助逃匿中的复仇者们，奇异博士提供了自己的圣所，把那里伪装成一间新开的连锁咖啡馆。[①] 这样一来，无论反派还是其他英雄，甚至是别的魔法师，都不知道新复仇者的总部是斯特兰奇之家。为什么他要这么做？因为他认为法律及其执行手段已经误入歧途，甚至失去公正。他的回应是一则谎言：制造出圣所消失，被热饮供应商取代的假象。策划这一骗局的目的是让新复仇者能够继续打击犯罪与不公。

这则谎言的欺骗对象是所有人，注册在案的英雄们、神盾局特
146 工、普通罪犯或只是走在街上的路人——而这就是这个行为面临某种困境的原因。作为新复仇者的代表，奇异博士的欺瞒对象正是他发誓保护的对象：公众。我们可以说“他不得不这么做”，但我们不可以忽视他的所作所为，正如我们不会在现实世界的领导人对选民有所隐瞒时熟视无睹——那或许是出于正当理由，但他必须解释具体的原因。在奇异博士与受其帮助的新复仇者看来，考虑到《超级英雄注册法案》的存在，这样的欺骗是可以接受的。然而我们将会看到，这一决定会对斯特兰奇造成一定的间接影响，令情况变得复杂。

至尊法师紧急状态

不过在讨论奇异博士所受影响之前，我们首先需要了解当代哲

---

① *New Avengers*, vol. 1, #28 (May 2007), reprinted in *New Avengers Vol. 6: Revolution* (2007).

学家迈克尔·沃尔泽所说的**最高紧急状态**(supreme emergency)。根据沃尔泽的观点，最高紧急状态为通常情况下违背正义战争传统惯例及战时社会准则的战争行为提供了正当理由，尤其是义务论原则界限之外的行为。**正义战争传统**(just war tradition)(或者说**理论**，如果你碰巧穿着白大褂的话)确立了加入与发动战争的道德标准。几个世纪以来，正义战争传统已经演变为兼顾哲学与神学问题的理论。对于我们而言最重要的是，正义战争传统有助于人们了解战争时期的鹰眼之箭能够离义务论起点多远，又能够离结果主义末端多近。

学者们通常会以第二次世界大战期间盟军轰炸德国为例说明最高紧急状态的含义。按照标准的说法，民主(由英国代表)面临着来自纳粹德国的威胁，已然岌岌可危。在这种情况下，盟军对德国进行
了轰炸，这或许并不完全符合正义战争传统。英国正处于最高紧急 147
状态，而严格践行这个国家的价值观可能会导致巨大的灾难。所以暂时偏离公认准则是可以接受的，因为这令整个国家——及其价值观——得以在紧急状态之后存续。① 当今社会最具争议的案例是“定时炸弹”情境下刑讯恐怖分子嫌疑人以获取信息的合理性。这两个案例中所谓的正当理由是一致的：牺牲短期的珍贵价值，以确保这些价值长期存在。

诚然，沃尔泽自己也承认我们难以判定紧急状态何时结束，更重要的是，人们因而能够轻易宣称存在某种紧急状态，以此为反复背离

---

① 参见 Michael Walzer, *Just and Unjust Wars: A Moral Argument with Historical Illustrations*, 4th ed. (New York: Basic Books, 2006), 251－254。

公认准则提供理由。[1] 这并不是说此类决策属于滑坡谬误（slippery slope）。[2] 我们只是不希望未来的人们过于草率地做出那些理应慎重考虑的决定。坚持义务论体系的问题在于这不足以支撑一个国家的存续。一个国家必须同时值得存在。而这种价值正是来自可能被迫牺牲的坚持。

奇异博士接下来的经历突出了这一点。鉴于《超级英雄注册法案》的施行，他认为新复仇者进入了最高紧急状态。他与新复仇者共同进退，为了支持他们不惜欺骗整个世界。由于这场骗局带来的身体及精神压力越来越大，他在明知不可取的情况下投靠了更加强大也更加黑暗的力量。在“浩克世界大战”期间——被强制流放太空的浩克回到地球后发生的事件（无疑是公认的最高紧急状态）——斯特兰奇发现自己再次处于最高紧急状态。这一次，我们看到他自然而然地将箭头移向结果主义的一端。虽然他起初的确尝试了其他对
148 策，但也没有过多迟疑便把自己交由恶魔控制，以将浩克驱逐出地球。[3] 那一刻，阿戈摩托之眼（Eye of Agamotto）认为斯特兰奇太过违背至尊法师的行事原则，因此不再适合保有这一称号或相应的能

---

① 参见 Michael Walzer, *Just and Unjust Wars: A Moral Argument with Historical Illustrations*, 4th ed. (New York: Basic Books, 2006), 260。

② 一种逻辑谬论，即未有允分证据便轻率断定因果关系的不当推论。——译者注

③ *World War Hulk* #4 (November 2007), reprinted in *World War Hulk* (2008).

力。[1] 这样的妥协超出了限度，史蒂芬·斯特兰奇博士本人已不再是值得拯救的至尊法师。[2]

嘘——复仇者（秘密）集结！

秘密不一定是不道德的，但保守秘密的方式也许会越界（或者说会让箭头偏移）。例如复仇者联盟创始成员就认为有些事情必须隐秘于公众视野：章程中提到，不得强制任何复仇者公开自己的真实身份。[3] 当然，他们之中有一些人已经公开了身份：克林特·巴顿、汉克·皮姆、卢克·凯奇，等等。不过大多数成员依然试图保持低调。这样做有诸多合理缘由，比如保护亲人，以及在脱下制服时保留隐私。除了 J. 乔纳·詹姆森（J. Jonah Jameson）[4]之外，大部分人都不会质疑超级英雄对公众甚至队友保密真实身份的需求。（即使是《超级英雄注册法案》的支持者也并不希望将超英的秘密身份公之于众。）然而秘密总是不止这些而已。

---

① *New Avengers*, vol. 1, #54 (August 2009), reprinted in *New Avengers Vol. 11: Search for the Sorcerer Supreme* (2009). [阿戈摩托之眼是奇异博士继承自其师古一（Ancient One）法师的法器，属于白魔法领域，奇异博士沾染黑魔法后便不配再拥有它。——译者注]

② 奇异博士的英雄起源即他本人遭遇车祸后开始的一场救赎之旅。——译者注

③ 《复仇者联盟章程》（Avengers Charter）的内容可参见 http://marvel.wikia.com/Avengers_Charter。

④ 蜘蛛侠作为普通人生活时所就职的《号角日报》（*Daily Bugle*）报社老板，一直抨击蜘蛛侠这样的匿名英雄。——译者注

最初的五位复仇者[1]联合一致保护全人类,让地球上的居民迎来“正义时代”。这是一项十分崇高的事业,几乎没有人会表示反对。如果现实世界中有这样的组织,我肯定大力支持。但是,让我们暂且唱一唱反调:谁代表全世界请求他们这样做了?严格说来,没有任何个人团体、国家或者其他政治机构这样要求他们,组建复仇者联盟似乎只是当时一个不错的主意。因为复仇者联盟常常以公开的形式做些好人好事,所以街头的男女老少以及世界上大多数政治实体都对
149 其态度友好。那么为什么他们近期决定成立一支秘密队伍,不向世人甚至其他复仇者公开呢?

阿斯加德围城事件过后,诺曼·奥斯本的“黑暗王朝”落幕,漫威进入英雄时代,史蒂夫·罗杰斯肩负起重建复仇者联盟的艰巨任务。他亲自挑选了复仇者联盟的成员以及新复仇者的领导者,成立复仇者学院培训年轻英雄,还创建了一支特别行动队伍秘密复仇者(Secret Avengers)——由罗杰斯本人亲自领队。[2] 他计划让秘密复仇者在不留下记录的前提下从事解决人类危机的地下活动,最好是在危机失控之前先发制人。[3] 与奇异博士类似,这样滥用或误用秘密,包括后续的保密行为,很有可能破坏身为复仇者的意义。

世人了解复仇者联盟、新复仇者甚至复仇者学院,却对秘密复仇者一无所知:成员名单、具体能力、行动任务以及这个团队的存在。

---

① 指漫画中复仇者联盟的创始成员钢铁侠、雷神索尔、绿巨人、蚁人及黄蜂女。——译者注

② *Avengers*, vol. 4, #1 (July 2010), reprinted in *Avengers by Brian Michael Bendis Vol. 1* (2011).

③ *Secret Avengers* #1 (July 2010), reprinted in *Secret Avengers Vol. 1: Mission to Mars* (2011).

在战斗中，秘密复仇者需要采取额外的预防措施，确保不会留下他们出现过的证据。① 这样做有许多理由，比如防止敌人发现他们使用的能力，或是意识到自己正被秘密复仇者追捕。可是如此彻底的高度保密真的有必要吗？

根据《复仇者联盟章程》，这支队伍是“联合国……批准的维和部队”，有权在“所有直属或隶属于联合国的国家”展开各类行动。这一许可在漫威漫画历史上经历了各种变化，但显而易见，复仇者联盟必须同意对联合国成员国保持最大程度的公开透明，才能持续享有这种特权地位。在这种背景下，秘密复仇者的行为似乎并没有任何不
妥之处。几乎所有社会都认同抵抗外界威胁时保密自身能力及计划 150
的必要性。在民主国家，诸如此类的决策必然会将鹰眼之箭稍稍移向结果主义那一端，并且往往伴随着相关内容的公开讨论，比如什么是应该或不应该保密的，以及什么样的涉密组织行为可以为人们所接受。

换言之，民主国家具有秘密复仇者缺失的东西：监督。人们建立机制以确保直线上的鹰眼之箭不会在缺乏公认慎重的风险评估的情况下滑动太远，这类评估包括安全威胁以及国家价值观可能面临的危机。秘密复仇者开展行动的方式或许值得世人尊崇并接受，但事实是他们毫无责任制度及监督制度，这意味着一旦——而非如果——他们的存在被公开，很有可能会对整个复仇者联盟的声誉造成负面影响。问题也会随之而来：他们还隐瞒了什么别的秘密？他

① *Secret Avengers* #8 (February 2011), reprinted in *Secret Avengers Vol. 2: Eyes of the Dragon* (2011).

们是在利用秘密掩饰自己的错误吗？以及，他们这种保密行为是否真的维护了我们的利益？

遭遇维基解密

当冒牌美国密探窃取并公开了秘密复仇者等组织用来寻找线索及制订计划以应对全球范围内的威胁的大量情报后，事情变得复杂起来。被泄露的信息显示，各种各样的邪恶人物一直在为秘密复仇者提供情报，告知他们其他罪犯、恐怖分子及超级反派的活动与计划。按照史蒂夫·罗杰斯本人的说法："一些人这么做是出于正当理由，一些人是为了逃避牢狱之灾，还有些人纯粹是利益驱使。"①

假冒的美国密探认为他的做法完全合理，因为所有的复仇者团队都缺乏监督及问责机制，不仅仅是秘密复仇者而已。鉴于被窃取
151 的情报及其声名狼藉的提供者足以证明复仇者的不端行为，他要求对复仇者进行透明公开的监管。那么，复仇者是否应当利用反派自愿提供的信息，尽管这一切是秘密进行的？

诚然，复仇者的职责是打击犯罪分子与超级反派。但根据《章程》内容，对于作恶者的裁决与惩罚应留由政府进行，复仇者仅需在传统方式不足以达到目的时协助羁押罪犯。《章程》没有提到复仇者不能以其他方式接触反派。毕竟有些反派已经改邪归正成为复仇

---

① *Secret Avengers* #12.1 (June 2011), reprinted in *Fear Itself: Secret Avengers* (2012).

者，比如快银、猩红女巫及鹰眼。[①] 而且《章程》的确指出复仇者会与诸如神盾局和纽约警察局这样的执法机构共享信息，并且拥有美国政府批准的涉密工作资格，因此我们可以大胆假设这便是复仇者能够接触美国情报系统的原因。

除此之外，与恶人（比如告密者以及更糟糕的——政客）交涉本身就是执法机构与情报系统日常工作的一部分。执法机构需要可靠的线人、罪犯或其他某某暗中告知警察犯罪世界的活动。情报系统则需要有人自愿背叛同胞与战友，向另一个国家告密。伦理之箭自然会向结果主义移动，但这被公认为是可以接受且有所必要的行为，如果能够受到监督以及较为透明的话——而这两点都是秘密复仇者无法满足的。一旦舆论发酵，他们将陷入困境。

“有些事情会让我们自食其果”[②]

或许对于复仇者来说，很难始终坚持创始成员确立的标准，满足
他们的保护对象的期待。有时需要打破规则以确保完成最重要的任 152
务——保护人类。而在更为狭窄的秘密与谎言领域，标准可能会变得更加复杂。他们的某些行为很有可能瓦解他们身为漫威宇宙首要英雄团队的意义，破坏他们深受世人敬佩的理由。甚至当他们确实

---

① 更多有关复仇者与改邪归正的内容，参见本书中安德鲁·泰耶森所著章节《美队的疯狂四重奏：有可能改邪归正吗？》。

② 出自蜘蛛侠，*New Avengers*, vol. 1, #52 (June 2009), reprinted in *New Avengers Vol. 11: Search for the Sorcerer Supreme*。

按照既定的规范与原则行事时,仅仅是针对他们的怀疑也同样会带来危机。

这种矛盾现象起到了警示作用,现实中的我们也会遇到两难的决定,也会为了结果试图牺牲自己的价值观。英勇一生所赢得的忠诚正直的声誉可能会毁于一个决定——所以,一定要确保你有足够的理由。(而这不是秘密。)

12 154

复仇者联盟与神盾局：前摄超英主义问题

阿诺·博盖尔兹(Arno Bogaerts)

过去十年是漫威历史上变故最多、最为动荡的时期之一。这段
时间里，复仇者联盟解散，重组为数个分队；大量变种人灭亡；一场内
战将超英集体分裂为两个阵营；勃然大怒的浩克向全世界宣战；能够
变换形态的斯克鲁人上演秘密入侵；诺曼·奥斯本召集超级反派组
成秘密集团，开启黑暗王朝；种种变故不胜枚举。在所有这些事件
中，漫威宇宙的两个主要组织扮演了重要角色：复仇者联盟——可能
是地球上地位最高、存在感最强的超英团队，以及神盾局——国际特 155
工组织、执法机构、反恐部门兼全球维和队伍。

作为地表最强英雄，复仇者联盟面对的是单一英雄无法独自抵抗的威胁。他们主要负责应对并解决外星侵略、时间旅行者的攻击、逍遥法外的超级反派以及星际战争带来的威胁。而对于神盾局来说，则是使用更为前摄的手段处理全球恐怖主义问题、进行国际谍报活动以及缓解紧张的政治局势。由于神盾局一直与漫威超级英雄们保持着紧密的联系，近年来我们愈加难以判断他们之间的界限，尤其钢铁侠与美国队长都在不同时期管理过神盾局。接下来，我们将通

过本章的内容,探究当超级英雄利用自己的能力及影响力先发制人时可能陷入的险境。

终极战队、复仇者联盟与尼克·弗瑞的神盾局

尼克·弗瑞是一名二战老兵,曾任美国中央情报局特工,是个超级间谍。他最主要的身份是神盾局局长,即美国政府、联合国以及超级英雄之间的实际联络人。事实上,在终极漫威(Ultimate Marvel)宇宙——比漫威主宇宙更黑暗也更现实——的连载漫画里,我们几乎可以在每一个故事中感受到弗瑞的权威存在。在终极宇宙中,复仇者联盟[或者说"终极战队"(Ultimates)]起初是由神盾局负责召集的。这个团队最初于《终极战队》中成立,是一支由超级英雄组成,听命于弗瑞[长得极像演员塞缪尔·L.杰克逊(Samuel L. Jackson)]以及美国政府的准军事防御队伍。①

《终极战队》及其续集《终极战队 2》从较为黑暗的角度,向我们
156 展现了爱国的超级士兵、身穿装甲的亿万富翁、阿斯加德的雷电之神、伽马射线加成的巨人以及能够改变自身大小的科学家突然出现在后"9·11"时代的美国会是什么景象。当美国队长在中东地区解

---

① *The Ultimates* #1 - 13 (March 2002 - April 2004), reprinted in *The Ultimates: Ultimate Collection* (2010). 该版本弗瑞的受欢迎程度也可以从漫威近期的电影中感受到,这个角色(当然是由杰克逊先生扮演的)频繁出现在包括《复仇者联盟》在内的漫威系列电影中。(早在漫威进行选角之前,终极宇宙版本的尼克·弗瑞就是按照塞缪尔·杰克逊的形象设计的。——译者注)

救了几位美籍人质后，有关这支世界上最受欢迎的全新超英团队的争议很快爆发出来。美国政府及神盾局是否应当利用超级英雄——或被蔑称为“大规模杀伤性人类”——解决外交事件?① 几次队内冲突过后，剩下的终极战队成员被派往中东对一个国家进行“事前攻击”，彻底消灭对方的核武器储备。② 这种做法引起了国际社会的强烈抵制，我们会在之后看到，美国的敌国组建了自己的超级英雄团队解放者联盟(Liberators)，并且报复性地策划了针对华盛顿的恶意袭击，令终极战队与神盾局陷入瘫痪。虽然最终的胜利属于终极战队，但解放者联盟袭击美国首都的事件充分证明了，利用超级英雄先发制人无疑会导致大型报复行动。③

在漫威主宇宙里也是如此，尼克·弗瑞与神盾局常常安排超级英雄主动出击。比如在《秘密战争》(*Secret War*)中，弗瑞与黑寡妇(既是神盾局特工又是复仇者)发现拉托维利亚(Latveria)代理总理露西娅·冯·巴尔达(Lucia von Bardas)正在为不知名的超级反派及恐怖分子提供先进技术支持。④ 弗瑞决心在她针对美国国土发起

---

① *The Ultimates 2* #1 - 13 (February 2005 - February 2007), reprinted in *The Ultimates 2: Ultimate Collection* (2010).

② *The Ultimates 2* #6 (July 2005).

③ 先听我说完——是的，我知道《终极战队 2》里的事件其实是索尔那惹是生非的养弟洛基在幕后操纵的结果，但他的“小动作”并不影响我在这里提出的观点。(也不是他让我这样说的，不是。)

④ *Secret War* #1 - 5 (April 2004 - December 2005), reprinted in *Secret War* (2006). 这个东欧国家更为人熟知的元首毁灭博士当时被困在地狱，具体事件可参见 *Fantastic Four*, vol. 3, #500 (September 2003), reprinted in *Fantastic Four Vol. 2: Unthinkable* (2003)。(拉托维利亚是漫威漫画中的虚构国家。下文的毁灭城堡即为毁灭博士的巢穴。——译者注)

恐怖袭击之前先发制人(并向想法类似的人发出警告),在未经授权的情况下开始进行推翻拉托维利亚政府的任务。为了尽可能迅速有效地完成这项任务,他召集了一支队伍以实现外科手术式打击(surgical strike),成员包括美国队长、黑寡妇、卢克·凯奇、蜘蛛侠与金刚狼等复仇者(我可能要补充一下,他们并不完全知情)。他们成功击败冯·巴尔达[并且几乎摧毁了毁灭城堡(Castle Doom)],但后
157 者在一年之后率领大批超级反派入侵纽约进行报复。卢克·凯奇在家中遭遇袭击,被送往医院,其他超级英雄与神奇四侠一起堪堪消灭威胁,拯救了纽约市民。在这之后,弗瑞几乎失去了所有超级英雄的信任,被迫退居地下活动,神盾局局长一职由玛利亚·希尔接替。

当超级英雄尝试先发制人时,诸如此类的严重后果似乎无法避免。然而尽管尼克·弗瑞与超级英雄关系密切(并能通过超自然方式延长寿命),但他并不是超级英雄。身为一名管理者及自称的"战时将军",他有必要看得更远。① 为了完成任务、拯救生命,他不介意以更崇高的利益为名进行令人质疑甚至彻头彻尾的肮脏行动——而如果这样利用超级英雄是不道德的,那么他也无话可说。

金红色的天空母舰?

也许这对于尼克·弗瑞来说并无所谓,可一旦超级英雄不得不面临现实政治、官僚作风、先发制人等问题,或以其他任何形式事先

① *Secret War* #5 (December 2005).

运用自己的能力，事情将会变得复杂。以托尼·史塔克为例，他在过去几年的漫威大事件中所经历的艰辛无一不在证明其专有的试图掌控……呃，一切的前摄立场。

让我们先从内战开始：《超级英雄注册法案》——强制超能力者向美国政府公开身份并受雇为（神盾局管辖的）政府特工——令超级英雄分裂为两个阵营。① 史塔克最初是反对这个提议的，但在他意识到法案的通过在所难免后，最终务实地决定带头倡导法案的推行。他率领注册派对抗自己的前盟友美国队长，后者认为法案侵犯了最基本的公民自由权。在漫长又血腥的冲突过后，美队投降，受到监禁 158
（最后遭到谋杀），钢铁侠获得了天空母舰的“钥匙”——以此开启了针对年轻（且注册过的）英雄的培训项目，在每一个州建立登记在案的超英团队（五十州别动队），以及与神奇四侠的领袖里德·理查兹和同为复联创始成员的汉克·皮姆联手，进行他们的“能够改变世界的 100 个计划”。②

在史塔克接管神盾局及重组后的神威复仇者团队后，人们发现他与秘密组织光照会（Illuminati）的另外几位英雄一起将布鲁斯·班纳博士（浩克）放逐太空，以预防未来因伽马射线作祟而爆发的暴

---

① 大事件内战的故事分布在漫威宇宙无数附属刊物中，但主要情节可参见 *Civil War* #1–7 (July 2006–January 2007), reprinted in *Civil War* (2007)。

② *Civil War* #7 (January 2007). 比如第 42 号计划是建立负空间监狱，关押反注册的英雄及反派，而第 43 号是清洗神盾局。后来，里德·理查兹在列表上增加了第 101 号计划：“解决一切”。(*Fantastic Four*, vol. 3, #570, October 2009, reprinted in *Fantastic Four by Jonathan Hickman Vol. 1*, 2010). **这才是**野心勃勃、先发制人的超英行动啊！

怒及破坏。① 浩克的飞船在名为萨卡的荒蛮星球着陆，但浩克最终找到了返回地球的途径，与他新交的角斗士朋友一起掀起了一场毁灭纽约的战争。② 最后，能够改变形态的帝制外星种族斯克鲁人全面入侵地球。这样的后果与光照会数年前糟糕的先发制人计划不无关系，在那期间，斯克鲁人得以在不被发现的情况下绑架及冒充许多知名英雄(包括复仇者汉克·皮姆及蜘蛛女)。③ 除此之外，由于托尼将神盾局及五十州别动队使用的所有技术与自己的史塔克科技联网，斯克鲁人便能借此一举削弱地球所有的防御能力。④

虽然英雄们最终击退了斯克鲁大军(尽管另一个复联创始成员黄蜂女在此过程中牺牲)，托尼仍被认为是这一切的罪魁祸首，并沦为“全球头号通缉犯”。神盾局变身为天锤局，由击毙斯克鲁女皇的诺曼·奥斯本掌管，他的前身即疯狂变态的绿魔。奥斯本的地位上
159 升至人民英雄的程度，作为公共安全最高负责人的他将整个漫威宇宙颠覆为“黑暗王朝”，致使几近所有前任复仇者转至地下。奥斯本创建了自己的复仇者团队，由假冒惊奇女士、鹰眼等英雄的超级反派组成，同时把自己包装为钢铁爱国者，身穿钢铁侠的闲置装甲，并用

---

① 单行本 *New Avengers: Illuminati* (May 2006), reprinted in *The Road to Civil War* (2007)。光照会在克里-斯克鲁战争后成立，按照查尔斯·泽维尔教授(即X教授——译者注)的说法，他们的任务是通过秘密会面“预防灾难的发生”。(*Avengers*, vol. 4, #9, March 2011, reprinted in *Avengers by Brian Michael Bendis Vol. 2*, 2011).

② *World War Hulk* (2008).

③ *New Avengers: Illuminati* #1 (February 2007), reprinted in *New Avengers: Illuminati* (2008).

④ *Secret Invasion* (2009).

美国队长的星条图案加以点缀。①

我不是故意的，真的

通过这一系列事件，我们可以看出托尼·史塔克是漫威宇宙中最务实也最积极的英雄，会在无人负责时挺身而出并承担后果，包括面对来自超英同事及普罗大众（还有大量漫画迷）的鄙夷与不满。可作为一名未来主义发明家、一家价值亿万美元的公司的CEO甚或是前任国防部长，他确实需要看得更远——就像尼克·弗瑞一样。那么，在过去数年这些天翻地覆的漫威交叉事件中，由托尼出于善意（尽管贪功冒进）的行动导致的因果链是否真的应当归咎于他呢？

每当某个人做出某个行动，意料之中及预期之外的结果（或者其他副作用）都可能发生。因此哲学家的问题是：哪些结果属于当事人的责任？一种答案可以在**双重效应论**（doctrine of double effect）中找到，该理论源自哲学家托马斯·阿奎那（Thomas Aquinas）（1225—1274），并由菲利帕·富特（Philippa Foot）（1920—2010）及G. E. M. 安斯康姆（G. E. M. Anscombe）（1919—2001）等现代哲学家进一步发展。简单来说，双重效应论认为有时道德容许对于正当目的的诉求，即使这样会——无意但可预见地——导致严重后果。

① *Dark Avengers Vol. 1: Assemble* (2009). 有关奥斯本与黑暗复仇者的更多内容，参见本书中罗伯特·鲍威尔所著章节《诺曼·奥斯本的自我堕落：警示录》，及莎拉·多诺万与尼克·理查森所著章节《照亮黑暗复仇者》。

然而,蓄意导致相同的后果则不被允许。①

160 让我们以自卫杀人为例。如果某个人——就叫他尼克吧,没有别的意思——正遭到另一个人的致命攻击(啊,比如冯·斯特拉克男爵),尼克可以出于自我保护杀死男爵(如果有必要的话)。在这个例子里,尼克是在拯救自己的生命——正当目的——而冯·斯特拉克的死亡是尼克的诉求可以预料但无意为之的结果。另一方面,如果尼克发现男爵正密谋杀害他,那么事先杀死男爵便是不道德的,因为这本身就是一种蓄意行为(并且另有许多方法能够挫败冯·斯特拉克的阴谋,挽救尼克的性命)。在这两种情境下,后果——男爵死亡——相同,但只有第一种情况,即自卫杀人,是道德所容许的,因为这是自我保护这种道德行为无意造成的意外后果。②

双重效应论严格区分了蓄意为之的结果与仅仅是可以预见(但无意导致)的结果。诚然,两者之间的界限并非始终清晰可见,我们也并非始终清楚如何“确定”意外后果是否真的是无意为之。另一个棘手的问题是,确定我们在达成正当目的过程中能够容忍多少负面结果,我们什么时候会喊“停”。负面结果(手段)与正面结果(目的)之间必须存在一定的比例,双重效应论才能为人所接受并有效运用。假设弗瑞与史塔克都无意通过他们的行动造成任何危害,那么剩下的问题便是,他们追求的正当目的是否能为导致负面结果的行动提

---

① 有关双重效应论的简明概括,参见 Alison McIntyre, “Doctrine of Double Effect,” *Stanford Encyclopedia of Philosophy*, http://plato.stanford.edu/entries/double-effect。

② 这一点也说明了为何**结果主义**——仅以行为造成的结果判断该行为的道德价值的伦理学派——坚决反对双重效应论,因为意向性(或无意性)对结果的好坏没有影响。

供足够的合适理由。尤其是在托尼身上，这个问题几乎令整个漫威宇宙在上述时期分裂对立。

如果双重效应论无法证明托尼行为的合理性呢？这是否意味着他应对近期漫威大事件的后果负责？我们没有时间深入讨论因果与 161
责任的关系。但我们可以这么说，即使是伟大的未来主义者托尼·史塔克，也无法准确预测自身的行为会对漫威宇宙造成何种巨大影响。同样值得注意的是，其他人的行为也不无干系，沿着托尼行为的“因果链”走得越远，我们越会发现他应承担的责任或许并没有那么多。①

这改变了一切（直到恢复原状）

有关重新召集复仇者组建全球维和队伍这一议题，奇迹人西蒙·威廉姆斯向美国队长表达了如下看法：

> 也许这便是人们所说的当局者迷吧，可一旦你跳脱出来，一切再明显不过。在我看来……超英内战、变种人屠杀、斯克鲁人入侵、诺曼·奥斯本……这些事情有一个共同点……它们都是

---

① 有关托尼行为（尤其是内战期间）及其道德责任的全面分析，参见 Mark D. White, “Did Iron Man Kill Captain America?” in *Iron Man and Philosophy: Facing the Stark Reality*, ed. Mark D. White (Hoboken, NJ: John Wiley & Sons, 2008)。

复仇者的责任。①

好吧，让我们听从西蒙的建议，暂时从漫威宇宙中抽离出来。看上去确实如此，每次超级英雄试图先发制人时，最后都会自食其果，仿佛漫威本身就禁止前摄超英行为。

人们对于超级英雄故事中“现状”的概念争执不休。这一刻，漫画迷质疑下一个大事件“将改变你所知的一切——永远”的说法，因为事情似乎总会在不久之后恢复正常；下一刻，漫画迷又抱怨创作者过度偏离深受喜爱的既定情节。他们希望看到角色的发展——但不要改变！不过，在超英故事里保留某种公认的现状，不仅仅是漫威与
162 DC管理高层的授意（确保漫画书之外授权许可收入的经济可行性），也根植于超级英雄自身的意义。

在《超级英雄：一种现代神话》（*Super Heroes: A Modern Mythology*）一书中，漫画史学家理查德·雷诺兹（Richard Reynolds）写道，根据定义，超级英雄是“为了现状战斗”的，即为了大多数超级英雄所在社会的运转方式及正面价值观战斗。② 这种现状“不断遭到攻击”，因此需要超英保护者来对抗试图改变现状的外部邪恶力量。③ 雷诺兹的观点似乎与哲学家罗伯特·朱厄特（Robert Jewett）及约翰·谢尔顿·劳伦斯（John Shelton Lawrence）的“美国单一神

---

① *Avengers*, vol. 4, #1 (July 2010), reprinted in *Avengers by Brian Michael Bendis Vol. 1* (2011).

② Richard Reynolds, *Super Heroes: A Modern Mythology* (Jackson: University Press of Mississippi, 1994), 77.

③ 同上。

话”(American monomyth)一脉相承，这一理论是经典单一神话[也被称为“英雄之旅”(hero's journey)]的衍生。神话学家约瑟夫·坎贝尔(Joseph Campbell)(1904—1987)提出了一种名为经典单一神话的普遍叙事方式，即英雄“离开平凡世界的生活，冒险进入超自然奇迹的领域”，接着获得令人难以置信的力量，赢得决定性的胜利，最后以能够“赐予同胞恩惠的能力”归来。①

朱厄特与劳伦斯则将目光从英雄个人转向英雄群体。所以在美国单一神话中：

> 和谐如天堂的社群受到邪恶的威胁——常规机构无法解决这种威胁——无私的超级英雄出现，弃绝诱惑并执行救赎任务——命运相助，他的决定性胜利令社群回到天堂般的状态——超级英雄继而默默退场。②

这听上去完全就像是一个典型的超英故事。结合雷诺兹有关现
状——社群“天堂般的状态”(略微夸张但仍旧正确的描述)——必须
一次又一次地加以保卫的说法，超级英雄只需迎战下一个反派，便能
避免默默无闻的状态。他以美国单一神话为基础的观点说明了，超 163
级英雄及其所在的故事类型建立在某种反应机制之上。需要发生一
些事情——现状需要受到威胁——超级英雄才能开始行动。

---

① Joseph Campbell, *The Hero with a Thousand Faces* (Princeton, NJ: Princeton University Press, 1949), 28.

② Robert Jewett and John Shelton Lawrence, *The American Monomyth* (Garden City, NY: Anchor, 1977), xx.

但我想要帮忙!

这是否意味着,复仇者等超级英雄最好乖乖坐在总部里,等着超级反派前来破坏附近的几座大楼(通常是他们自己的总部)? 事实上,确实如此,但我们都知道**那是**不可能的。他们及我们所在的世界并不是"天堂",还有很多问题需要解决。我们没有必要赞成托尼·史塔克通过先进技术拯救人类的计划,或是在内战期间先发制人,但也不能让我们的英雄袖手旁观,无所事事。

在菲利帕·富特有关双重效应论的论述中,她问道,我们的行为及其直接导致的结果,与我们间接造成或仅仅是放任其发生的事情之间是否存在道德界限,即著名的**作为/不作为**(act/omission)问题。① 她强调,在某些案例中,并不存在这样的界限,比如某人毒死(作为)或饿死(不作为)自己的孩子,两种方式都是错误的(这已经是委婉的说法)。不过在其他情况下,我们可以严格区分作为与放任。富特的另一个例子声称,大部分人实际上正任由第三世界国家的人民遭受饥饿。但是任由遥远国度的民众死去是一回事,为他们提供有毒的食物完全是另一回事。按照富特的观点,"我们的道德体系区分了我们应对他人提供的帮助以及我们不应对他人造成的干涉"。②

① 参见 Philippa Foot, "The Problem of Abortion and the Doctrine of the Double Effect," in *Virtues and Vices and Other Essays in Moral Philosophy* (Oxford: Basil Blackwell, 1978), 19 - 32。

② 同上,27。

接下来，她将这种区别类比于积极义务（positive duties）与消极义务（negative duties）之间的区别。**积极义务**指的是我们应当做的事，比如帮助他人，而**消极义务**指的是我们不应当做的事，比如伤害他人。 164
富特指出，我们的消极义务似乎总是比积极义务具有更强烈的道德意义。所以人们通常认为违背消极义务（比如杀人行为）比违背积极义务（比如见死不救）更加恶劣。

然而对于超级英雄来说，积极义务似乎比消极义务更重要。看过蜘蛛侠漫画的我们都知道那句“能力越大责任越大”，而这在大多数情况下被解读为尽可能地帮助有需要的人。除此之外，小蜘蛛自身的起源故事也是强有力的证明。如果彼得·帕克能够抓住机会阻止那名后来杀死他叔叔的强盗，那么本叔叔（Uncle Ben）便不会丧命。① 可对于超级英雄而言，更大的责任可能在于避免他人受到自身能力的影响。只需参考浩克的例子：众所周知，他曾要求独自生活，这说明他不希望自己的无敌力量伤害无辜的路人。相比帮助他人，他更注重避免伤害他人。鉴于其独特的个性能力，这是完全可以理解的。

每当超级英雄过于积极地履行他们帮助世人的义务，便等同于先发制人。而在漫画史学家彼得·库根（Peter Coogan）看来，这必将面临不可避免的失败，甚至会令他们沦为超级反派。按照库根的观点，当超级英雄“迈向统治”，成为他们试图保护的社会机构的一部

---

① Uncle Ben 其实是彼得·帕克的伯父，但考虑国内通行译法为“本叔”，故译为叔叔。——译者注

分时，尤其如此。① 我们无疑在钢铁侠身上看到了这种沦为超级反派的过程，在内战期间以及之后的神盾局局长任期内，他的形象已被多个漫威系列妖魔化。另一个例子是索尔成为“阿斯加德领主”及“地球领主”后，他对地球事务的干涉最终导致了暴政，不得不通过时
165 间旅行化解。② 还有至高中队（Squadron Supreme）（曾是复仇者联盟的盟友），他们获得了美国的控制权，并试图将这个国家重建为乌托邦。尽管他们是出于善意，但他们创建的“乌托邦”更像是一个极权政体。③

履行积极义务固然值得推崇，但每一次超级英雄试图大规模地先发制人时，我们几乎都会看到超英被动反应的本质致使他们面临惨烈的失败。特别是在复仇者联盟这样长期连载的叙事模式里，普遍接受的现状似乎总会回归。即使这个团队经历了多次人员变动，他们的总体任务以及社会地位不会改变。正如雷诺兹所说：“超级英雄的任务是保护社会，而非重建社会。”④

---

① 参见 Peter Coogan, *Superhero: The Secret Origin of a Genre* (Austin, TX: Monkeybrain Books, 2006), 216。（有关超级英雄与超级反派之间的主动/被动关系的分析，参见第四章。）

② 这段时期的故事可参见 *Thor*, vol. 2, #51 - 79 (September 2002 - July 2004)，以及一系列重印平装本。另外，有关时间旅行与“修补”过去的难题，参见本书中安德鲁·齐默曼·琼斯所著章节《康能否杀死过去的自己？时间旅行佯谬》。

③ *Squadron Supreme* #1 - 12 (September 1985 - August 1986), reprinted in *Squadron Supreme* (1996).

④ Reynolds, *Super Heroes*, 77.

美国队长的强大神盾局——好吧，大概如此

阿斯加德围城事件后，诺曼·奥斯本受到监禁，刚刚“重生”的史蒂夫·罗杰斯出现在美国总统面前，并被授予奥斯本之前的职位——自由世界的公共安全最高负责人：“我们见过尼克·弗瑞管理下的世界是什么样子……我们见过托尼·史塔克管理下的世界是什么样子……我们还，老天爷呀，还见过诺曼·奥斯本管理下的世界是什么样子。史蒂夫·罗杰斯，队长……我在此请求你接受任命。”史蒂夫同意了，且不忘补充道：“不过……我将按照我的方式行事。”① 身为美国队长的史蒂夫·罗杰斯无疑一次又一次地证明了自己的领导能力，他甚至可能是漫威宇宙中最具领导能力的超级英雄。但他会不会也像前人尼克·弗瑞与托尼·史塔克一样，落入全新管理角色带来的前摄窠臼？

由史蒂夫掌舵的漫威宇宙似乎的确迎来了光明的未来。到目前为止，他在此高位的表现明显优于托尼·史塔克甚至尼克·弗瑞。 166
他至今只隐约表现出一些先发制人倾向——主要是组建了隐形军事部队秘密复仇者——并且可能是漫威宇宙有史以来最优秀的维和统

① *Siege* #4 (June 2010), reprinted in *Siege* (2010).

帅。[①] 然而，弗瑞最近对史蒂夫这么说道："也许你能暂时胜任我的位置……但不会长期如此。"[②]弗瑞可能是对的：在罗杰斯成为"新尼克·弗瑞"后不久，巴基·巴恩斯假死，美国队长这一独一无二的身份再次回到罗杰斯手中，标志着现状的恢复——有些事情真的永远不会改变！

---

① *Secret Avengers* #1 (July 2010), reprinted in *Secret Avengers Vol. 1: Mission to Mars* (2011). 有关秘密复仇者及这支秘密特别行动队面临的伦理问题，参见本书中路易斯·P. 梅兰松所著章节《秘密与谎言：全局利益下复仇者联盟的价值观妥协》。

② *Captain America* #619 (June 2011), reprinted in *Captain America: Prisoner of War* (2011).

第五部分

复仇者的世界什么样？

13

康能否杀死过去的自己？ 时间旅行悖谬

安德鲁·齐默曼·琼斯(Andrew Zimmerman Jones)

杰西卡·琼斯:这是时间旅行吗？我可恨透了时间旅行这种东西。

钢铁侠:如果是康,那么就是时间旅行了。

杰西卡·琼斯:看吧,这就是为什么我恨透了康。①

自 H.G. 威尔斯(H. G. Wells)②至今,时间旅行一直是科幻小说及其近亲超英漫画的主要元素之一。在复仇者联盟系列作品中,最知名的时间旅行者或许便是征服者康,一位来自 30 世纪的军阀,为了在历史时期获得一席之地而不断与复仇者联盟发生冲突。不同时期的他不仅以康的身份出现,还曾是永生者(Immortus)[“时间大

---

① *Young Avengers* #2 (May 2005), reprinted in *Young Avengers: Sidekicks* (2006).(这段对话发生在钢铁侠与杰西卡·琼斯发现钢铁小子就是征服者康之后,相关情节可见第九章“未来的希望?”这一节。——译者注)

② H.G. 威尔斯(H. G. Wells)(1866—1946),英国著名科幻小说家,成名作为《时间机器》(*The Time Machine*)。

172 师”(Master of Time)]、法老拉玛图(Pharaoh Rama-Tut)、血色百夫长(Scarlet Centurion)以及钢铁小子(少年复仇者创始成员)。康这种跳跃时间的操作实际上早于他自己的首次出场。在《复仇者联盟》第2期里,空间幻影(Space Phantom)试图引起复仇者成员的内讧,最终导致浩克离开团队。而之后的情节揭示,空间幻影其实就是康更具智慧(也更具控制欲)的分身永生者的手下。①

近一个世纪以来,科学家与哲学家们不断探讨着时间旅行在物理法则、形而上学以及逻辑意义上的可行性。问题在于一旦你承认时间旅行的存在,便会导致逻辑不一致性,最终转化为逻辑矛盾,进而爆发为彻底的时间悖论,并有可能违反物理法则。

扭曲时间的科学方法

虽然我们目前的科学时间模式是基于阿尔伯特·爱因斯坦(Albert Einstein)的相对论——会让汉克·皮姆嫉妒不已的事实——但千百年来,人们始终在思考时间那奇异瞬息的本性。哲学家兼神学家圣奥古斯丁(Saint Augustine)(354—430)曾说道:“那么,什么是时间?倘若无人问起,我便知道答案。倘若有谁欲知详情,我却无从说起。”②奥古斯丁通过求助超自然的造物主解决问题,

---

① *Avengers*, vol. 1, #2 (November 1963).

② Saint Augustine of Hippo, *Confessions*, trans. Albert C. Outler, 397, XIV 17, 参见 http://www.fordham.edu/halsall/basis/confessions-bod.asp。

然而原则上来说，这不应是科学家的选择。量化时间短暂性的科学方法通常与某个物理系统的规律活动有关，这也是所有计时装置的设计原理：从天文历法到水钟，再到钢铁侠平视显示仪上的数字计时器。

但是爱因斯坦发现，这种一致的规律性存在某种问题。比方说
你用朝上直射的光束设计了一种简单时钟。时钟会发射一束微小的
光脉冲，照射在距其一米高的镜子上，之后光束反射到激光发射点旁 173
边的探测器上。每一次循环都是一声“滴答”，数次滴答声等于一秒钟，以此类推。爱因斯坦这一想法的伟大之处在于，光是以恒定的速度运动的，因此这种理想中的时钟将会是完全精确的。① 如果你拥有这样一个时钟，无论身在何处，你都能永远掌握精确的时间。

遗憾的是，假如这个时钟处于运动状态，问题便凸显出来。而提到运动，快银皮特罗·马克西莫夫无疑是最好的例子，尽管即使是他也无法在不受外力帮助的情况下达到我们的讨论所需要的运动速度。那么，让我们假设快银正与妻子水晶(Crystal)去往希阿(Shi'ar)帝国。他于 2014 年 3 月，自己的 50 岁“生日”那一天出发(快银与孪生姐姐猩红女巫首次登场于 1964 年 3 月《X 战警》第 4 期)。

虽然他们搭乘的飞船配有超光速的引擎，却有些失灵，皮特罗与水晶只得以稍逊于光速的高速飞行。接着他们觉得这趟旅行不值得花费如此精力，决定打道回府，但飞船的速度太过缓慢(在宇宙中确实如此)，一段时间后他们才回到地球。快银这一路上很是不耐，时

---

① 实际上，这需要发生在真空环境中，所以让我们假设这个时钟存在于一个没有气体的盒子里。

刻关注着自己的时钟,发现从他离开到现在,总共经过了整整 365 个 24 小时(天,或者你想这么说)。他来到旺达家门口,准备庆祝自己的 51 岁生日!

不过皮特罗的姐姐旺达有自己的时钟。(也许是来自亲爱的老爸万磁王的套装礼物——毕竟变种人这种优等种族必须守时嘛。)如果她曾用自己的魔法留意一下旅行中的皮特罗的时钟,便会发现那不是一个静止的时钟,而是处于运动中的时钟。事实上,当皮特罗眼中的光脉冲移动了两米的距离时(一米朝上,一米朝下),旺达看到的时钟也水平移动了将近两米(别忘了,飞船的速度仅仅稍逊于光速)。
174 在旺达看来,这束光脉冲描绘出了一个等腰三角形的两腰,高为一米,底边距离近两米。

你不必是汉克·皮姆或托尼·史塔克,也会知道旺达所见的光线路径长度要大于皮特罗的所见——基本的几何学知识而已。由于光速是恒定的,相较于皮特罗,对于旺达来说,时钟的这一声滴答所花时间更长。换言之,宇宙飞船上的时间比地球上的时间更缓慢。

为了进一步分析这个例子,让我们假定飞船上快银的时钟速度是旺达时钟的二十分之一。如果参考快银的时钟,整个往返行程花费了一年,那么旺达的时钟会显示为 20 年。问题来了:快银回到地球时是多少岁呢?他的出生证明及驾照上都写明他出生于 1964 年 3 月,他又在地球时间的 2034 年 3 月返回,所以当天似乎是他的 70 岁生日。可从他的角度来看,那天是他的 51 岁生日。[当然,考虑到皮特罗的超速代谢以及外层时间旅行相关的各种老化问题,我们遇到的情况其实更加复杂,但在我们的讨论中,这些都可以暂时忽略,包括他那史蒂夫·马丁(Steve Martin)式的亘古不变的发色。][①]

这个案例的有趣之处在于，除了变种人的超能力之外，所有过程都符合我们已知的物理法则。实际上，这就是名为**孪生佯谬**(twin paradox)(真是恰如其分)的经典案例。我们之所以不常接触这个问题，唯一的原因就是建造接近光速的太空飞船仍是工程学上的难题。但小规模的实验已经完全证实了爱因斯坦预测的这种效应，比如研究不稳定粒子衰变前的生命周期。因此，这并不是我们的虚构时钟产生的假想效应。现实中的物理系统的确能够以不同的方式经历时间，而这取决于它们相对而言的运动方式。

打破时间 175

孪生佯谬其实并不是一种逻辑悖论，而是我们的常规语言系统在反常情况下的无措表现。是我们的直觉背叛了我们，所谓科学上的歧义并不存在。问题仅仅在于定义衰老的参考点应当是什么。无论如何，这是一种时间旅行，因为皮特罗得以在年龄只增长一岁的情况下来到20年以后的地球。

对于“真的”时间旅行来说，也就是让康往返于时间流之间，与复仇者联盟在古埃及、荒蛮西部以及现代都市曼哈顿作战的旅行，不能只有一张单程票——他必须能够穿越到过去，就像穿越到未来那样。那么，有什么能令时间倒退的科学方法吗？确实存在一些方法，至少

① 史蒂夫·马丁是美国著名演员，拥有标志性的银白发色。——译者注

是理论上的(或许我应该说，最多也只能是理论上的了)。

想要理解这些理论，我们首先需要了解，爱因斯坦的广义相对论描述了一种模拟物体如何在宇宙中运动的方式，而宇宙的状态则根据总体能量及物质密度等参数决定。如何确定理论参数及其权重是近一个世纪以来物理学家始终未解的难题。不过凡事都有光明的一面，这些谜题令人们获得了各种意想不到的发现，比如暗物质(dark matter)及暗能量(dark energy)——好吧，可能这一面没有那么“光明”——但这与我们所讨论的时间旅行并不直接相关。

人们在时间旅行上的发现是完全与之不同的，因为(迄今为止)这些发现仅适用于数学领域。数学家与理论物理学家的理论研究方式仿佛是漫威漫画的《假如》系列，他们会按照某些标准假设某个宇宙的存在，之后再根据某些理论得出有关该宇宙的结论。这种方式下得出的结论从数学的角度看是可以成立的，尽管未经实验证明。
176 (这一过程继而为实验学家提供灵感与目标，因此仍是有益的。)

例如，物理学家 W. J. 范斯托克姆(W. J. van Stockum)曾于 1937 年提出设想，即无限长度的圆柱体在空旷的空间内旋转。当他使用广义相对论的数学方法分析这一假设时，发现这种情境下的物体可以实现起点与终点处于相同时空位置的运动路径[这样的路径被称作**封闭类时曲线**(closed timelike curve)]。可是除非你是在行星吞噬者常去的理发店里(以银色剪刀的超强威力经营)，不然哪里会有无限长度的旋转圆柱体呢?①

1949 年，爱因斯坦的挚友兼同事，数学家库尔特・哥德尔(Kurt

---

① 理发店门口通常会有旋转的圆柱体作标志。——译者注

Gödel)设想的场景则更为现实：假如宇宙自身正不断旋转呢？哥德尔发现，这样的宇宙——如果它的旋转速度足以避免坍塌——也会产生封闭类时曲线。哥德尔本人担忧于这种情况可能导致的佯谬，然而我们可以采取两种不同的方式解决这一问题：否认封闭类时曲线的实际可能性，或者否认佯谬的可能性。

爱因斯坦采取了第一种方法。鉴于哥德尔的假设包含宇宙旋转这一条件，爱因斯坦的结论便是宇宙可能并不旋转。（事实证明这一策略是可取的，因为时至今日，所有证据皆表明宇宙**不**在旋转。呼！）我们也可以采用第二种方式，即承认时间旅行的存在，而佯谬并不存在。按照这一观点，封闭类时曲线形成了一种闭环，而闭环上的事件是既定不变的。如果康回到过去的某一事件中，他其实已经在那里，并且无法改变这一事件。“未来的”康回到自己的过去本身就属于过去发生的事，事件仅会以一种方式展开，无论涉及何种时间旅行。

建造时间机器 177

那么，让我们回到最初的问题：康**能够**杀死自己吗？在深入探讨这一问题之前，我们需要在科学的领域里更进一步：我们必须建造一台时间机器。1983 年，天文学家（同时也是电视明星）卡尔·萨根(Carl Sagan)为创作小说《超时空接触》(*Contact*)寻求帮助，并因此推动了时间机器的“现实”意义。为了帮助萨根，物理学家基普·索恩(Kip Thorne)重新阐释了广义相对论，规避了许多问题，但也带来了全新的问题。

他的观点主要是围绕**虫洞**(wormhole)这一概念，虫洞是连接两个地点的传送门，物体可以从一侧进入，再从另一侧出去(类似隧道)。这在物理学看来是可能存在的[被称为爱因斯坦-罗森桥(Einstein-Rosen bridge)]，但被认为极不稳定，仅能单向通行，并且已被埋没在黑洞的中心(如果它们存在过的话)。① 为了克服这些难点，索恩假设存在足够的“负能量”(negative energy)与“负物质”(negative matter)以建造稳定的双向虫洞。理论上这是可行的，但现实中的物理学家没有任何理由相信虫洞确实存在，当然也不会相信存在如此大量的建造材料。

不过，让我们假定康拥有足够的负能量及负物质，建造了以虫洞连接的可移动入口。康将入口 A 留在地球上，放置在旺达的时钟旁边，另在快银出发前，将入口 B 放在他的宇宙飞船上。入口 B 跟随快银一起历经了一年的时间，最后来到 2034 年 3 月。另一方面，入口 A 也经历了一年的时间，正处在 2015 年 3 月。由于两个入口以虫洞连接，因此便产生了介于 2015 年 3 月与 2034 年 3 月之间的传送门。这种时间旅行方式显然是比康实际使用的方法麻烦多了，但也足以助他开展彻底摧毁复仇者联盟的邪恶计划。

178 在这一史诗级故事线的下一期里，拥有两扇时间传送门的康朝着入口 B 发射了一束激光。光束从入口 A 射出，经过镜面反射，在 19 年后的 2034 年 3 月与原来的激光一同射入入口 B。(如果你缺乏耐心，可以将入口 B 的时间点设置在入口 A 的 30 秒之后，但这样一

① 虫洞的概念最早由路德维希·弗莱姆(Ludwig Flamm)提出，后由爱因斯坦及纳森·罗森(Nathan Rosen)完善，因此也被称为爱因斯坦-罗森桥。——译者注

来复仇者推翻这个计划的时间将十分有限。)现在射入入口 B 的光束能量是康最初发射的激光的两倍。等等:既然他已经安装好了所有镜子,光束会继续来回反射,再次射入入口 B,那么光束具有的能量将是最初的三倍。如果康如此反复操作,最终便可以获得他所需的全部能量,以此摧毁复仇者联盟。

问题是康只使用了一束激光,却产生了远大于此的能量,这明显违背了能量守恒定律(law of conservation of energy),我们宇宙中最重要的基本物理原理之一。正是这类问题使得史蒂芬·霍金(Stephen Hawking)提出了"时序保护猜想"(Chronology Protection Conjecture)。在霍金看来,既然时间旅行违反了基本物理原理,那么一定存在某种自然法则令人们无法真正建造任何类型的时间机器:"在宏观层面上,所有物理法则共同阻碍了时间旅行的发生。"①这实际上等同于半个世纪以前爱因斯坦对于哥德尔的封闭类时曲线的回应方式:否认时间旅行在物理事实上的可能性。然而,并不是所有物理学家都接受这一点。一部分人依然相信时间旅行符合我们已知的物理法则。此类物理学家大多认为佯谬是可以规避的,因为封闭类时曲线不允许你改变过去,对于历史学家……或未来的征服者来说,这是另一种确保历史可信度的方法。

---

① Stephen Hawking, "Space and Time Warps," http://www.hawking.org.uk/index.php/lectures/63.

179 封闭类时康

有关康与时间伴谬的话题可以写上一整本书——文学代理们，你们知道去哪里找我吧——但我将仅从他那起起伏伏的人生历程中选取三个最具代表性的事件，以说明封闭类时曲线永恒不变的本质。

20 世纪 80 年代以前，康的所有时间旅行操作都导致了不同的时间线，而他本人也以各种各样的形式存在。其中一个版本的康（通常被称作“原始康”）来到地狱边境，看到了各种时间线，他发现自己在许多时间线中都表现得愚蠢无能。因此，他开始计划清除所有“瑕疵”版本的自我，“以免‘康’这个名字变成‘傻瓜’的同义词！”。[①] 这项计划几乎成功了，但就在原始康宣告胜利之时，他发现自己其实是被时间大师永生者利用，以消灭其他的康。死于原始康之手的各个康的记忆将他逼疯，令其消失于地狱边境的入口。

在这种情境下，康的轨迹不单单只有一种，而是各种各样，这似乎与封闭类时曲线的概念相悖。不过，我们都知道漫威宇宙拥有许多平行世界或宇宙，所以多版本的康并不会构成太大问题。命运之战（Destiny War）期间，原始康本人向复仇者联盟解释道：“时间旅行不会改变过去——我想你们都知道这一点。如果有人改动了事实，

---

① *Avengers*, vol. 1, #269 (July 1986), reprinted in *Avengers*: *Kang—Time and Time Again* (2005).

便会创造一条全然不同的时间流分支，而原有的事件将继续发展。”①原始康消除“瑕疵”版本的康并没有改变过去（甚或未来）。这些康的行为已经（或即将）存在于该时间流中，而杀死他们仅仅是减少了康的存在总数。

从康的角度来讲，问题在于他注定成为博古通今的永生者，而在
他看来这是比死亡还要糟糕的命运。毕竟，他是征服者康，而放弃征 180
服并不适合他。反抗这一命运便是康参与命运之战的动机。永生者在这场战争中的目的不仅是修剪时间线，更是企图一举改变所有时间线。他成功将时光之都（Chronopolis）（康的跨时间线作战基地）改建为永恒水晶（Forever Crystal），以助其“改变历史——并在所有时间线上体现这种改变”。②

在命运之战的最后关头，我们发现永生者之所以这样做，似乎是为了从其主人时间守护者（Time Keepers）手中拯救人类。最终，永生者被毁灭，这甚至一度令康动摇。“他们——杀了他？那么，这是——我的死亡吗？”③然而，战争随着美国队长摧毁永恒水晶而结束，这也致使康一分为二——征服者康与永生者。原来永生者并不是康的替代者，而是另一个完全不同的他，一条全新的世界分支。放肆妄为的康得以在永生者的诞生过程中保全自己的身份。值得注意的是，康试图改变时间以阻止永生者诞生的计划注定会失败。因为

---

① *Avengers Forever* #3 (February 1999), reprinted in *Avengers Legends Vol. 1: Avengers Forever* (2001).

② 同上。

③ *Avengers Forever* #11 (October 1999), reprinted in *Avengers Legends Vol. 1: Avengers Forever*.

他已经与永生者相遇,那么永生者的存在便是不可避免的。他们各自的封闭类时曲线已然启动,不可变更。

最后,我们可以在钢铁小子身上得出同样的结论。钢铁小子是青少年版的纳撒尼尔·理查兹(Nathaniel Richards)(康的真实身份),在得知自己未来将会成为战争贩子后,带着康的装甲逃到了20世纪。① 一到那里——或许我们应该说"一到那时"——他便召集了名为少年复仇者的英雄团队,以消灭最后成为成年人的康。他们真的成功了,但这种做法彻底改变了时间线:康从未存在,因为钢铁小子从未变成他,复仇者都已死去,少年复仇者开始从时间线上消失。
181 对于钢铁小子来说,修正时间线的唯一办法便是接受命运,擦除记忆,回到自己的时间线,最终成为康。

在这个例子里,我们再次看到人们是无法如此大规模地改变事实的。当钢铁小子杀死康后,他创造了一条短暂的时间线,在这一时间线上,康从未存在,但该时间线是一个闭环,在诞生后不久便不复存在。即使钢铁小子坚持自己最初的想法,拒绝成为康,我们也无法保证经年累月的凄凉生活不会令他最终依然成为康。这一时间线可能会存在20年,并在钢铁小子成为康的那一刻不复存在,原始的时间线也会重新出现。

---

① *Young Avengers* #2.

结尾时间

我们现实世界中的物理学家也许（尚）未能与汉克·皮姆或里德·理查兹相提并论，但他们似乎比康更了解改变时间的难度。史蒂芬·霍金在谈及他的时序保护猜想时曾提道："这样看来，也许存在一间时序保护机构，为历史学家确保世界的真实性。"①漫威宇宙就有这样的组织：时间保护者及其手下永生者。然而当这些强大的存在——或仅仅是全副武装的康——企图改变时间时，复仇者联盟会挺身而出，保卫时间线。即便是在能够进行时间旅行的世界里，规则仍然存在——并且何其有幸，维护这些规则的复仇者联盟同样存在。

① Hawking, "Space and Time Warps."

183

14

“除我以外，无神可敬”：复联宇宙中的上帝、本体论与伦理学

亚当·巴克曼(Adam Barkman)

当阿斯加德——北欧诸神的家园——从天而降，落定在俄克拉荷马州后，一位基督教牧师礼拜日的布道词以这样一系列问题开头："小写的神？大写的神？阿斯加德人是神吗？如果他们是神，那么，我的神又成了什么样的存在？"①

虽然我很理解这位心理失衡的牧师，但实际上他无须担心这些问题。在漫威宇宙中，首字母大写的神显然是存在的。奇异博士就从永恒(Eternity)——庞大却并非全能的宇宙神明——的口中了解过他："我与我的兄弟死亡(Death)构成了你们现实的一切！他与我皆非上帝，上帝掌管一切现实！"②而灭霸(Thanos)即使是在获得了

① *The Mighty Thor* #1 (June 2011), reprinted in *The Mighty Thor Vol. 1: Galactus Seed* (2011). ("God"一词在首字母大写的情况下专指基督教中的上帝，字母全部小写时泛指所有神灵。——译者注)

② *Doctor Strange*, vol. 2, #13 (April 1976), reprinted in *Essential Doctor Strange Vol. 3* (2007).

宇宙之心(Heart of the Universe)并战胜生命法庭(Living Tribunal) 184
(上帝的左右手)后,仍然疑心这是至尊神灵为了更高的目标所编织的泰坦(Titan)[1]骗局。“这是我的胜利时刻吗?”他自问道,“或只是某个宏大计划的其中一环?”[2]如果这些仍不足以令你信服,那么神奇四侠与蜘蛛侠都亲眼见过他:前者是因为进入了天堂,而上帝曾以无家可归的陌生人的形象出现,安慰疲惫不堪的吐丝人。[3]

所以,上帝是存在的……但在漫威宇宙中,索尔、海格力斯以及阿瑞斯这样的神明或半神同样存在,那么上帝如何与各种存在共处?除此之外,在《出埃及记》(Exodus)20:3——“除我以外,你等无神可敬”——的前提下,我们应当如何理解漫威宇宙?

上帝，无上超然——或简称为“斯坦”

在漫威的神明等级里,上帝是排在第一位的,并且不同于其他存在。他是造物主,其余一切皆为他的创造物。也有三个特例——《奇异博士》《神奇四侠》及出现在《永恒族》(*Eternals*)中的支点(Fulcrum)——上帝曾被描绘成斯坦·李或杰克·科比,漫威宇宙

① 灭霸的母星。——译者注

② *Marvel Universe: The End* #6 (August 2003), reprinted in *Marvel Universe: The End* (2011).

③ *Fantastic Four*, vol. 3, #511 (May 2004), reprinted in *Fantastic Four Vol. 4: Hereafter* (2004); *Sensational Spider-Man*, vol. 2, #40 (September 2007), reprinted in *Spider-Man, Peter Parker: Back in Black* (2008).

实际意义上的造物主。①

除了身为造物主之外，上帝“是全能全知的。这是现实得以成立的本质”。② 也就是说，上帝为创造物的演出“提供了舞台”。③ 上帝是漫威宇宙中超越且异于一切的存在，同时也无处不在，关心着他所创造的现实中发生的事情。“剧情就是你们的生活，”他如此告诉神奇四侠，“你们的冒险是我们的研究对象。”④与作者的写作意图一样，上帝也有创造意图——完美的意图。正如他对蜘蛛侠所说的：“每个人都有存在的意义，彼得。我们都需要扮演好自己的角色。”⑤而他即为基督教上帝这一点可以通过有关耶稣的暗示确认，他对彼
185 得这样说道：“而且，不知道这算不算得上安慰，我向亲近之人索取的东西比你更多。”⑥事实上，观察者（Watcher）告诉过隐形女：“他唯一的武器就是爱！”⑦

在漫威神明等级中，地位仅次于上帝的是生命法庭，一个神秘的角色。与《以西结书》(Ezekiel) 1:6 中拥有四副面孔的“活物”（Living Creatures）类似，生命法庭也有四张脸（其中一张是“虚无”的）。⑧ 同

---

① 参见 *Strange Tales*, vol. 1, #157 - 163 (June - December 1967), reprinted in *Essential Doctor Strange Vol. 1* (2006); *Fantastic Four*, vol. 3, #511; and *Eternals*, vol. 4, #9 (May 2009), reprinted in *Eternals: Manifest Destiny* (2009).（支点这一角色被认为是杰克·科比在漫画中的化身。——译者注）

② *Eternals*, vol. 4, #9.

③ *Fantastic Four*, vol. 3, #511.

④ 同上。

⑤ *Sensational Spider-Man*, vol. 2, #40.

⑥ 同上。

⑦ *Fantastic Four*, vol. 1, #72 (March 1968), reprinted in *Essential Fantastic Four Vol. 4* (2006).

⑧ *Silver Surfer*, vol. 3, #31 (December 1989).

样与位于宝座周围、崇尚上帝的活物类似，生命法庭是“无上超然者的代言人”。[1] 生命法庭的“职责是审判宇宙范围内的所有事件”，他的三面可见脸孔分别代表三种公正判决：需要、公道与复仇。[2] 每一张脸孔都可与《圣经》中以至高者（Most High）的名义宣布审判的天使相对应。[3] 实际上，生命法庭的需要之面在与女浩克对话时就重述过耶稣的话：“需要是宇宙之镜，提醒我们应以他人评断我们的方式评断他人。”[4]

而在上帝与生命法庭之下的是宇宙实体或星际神明，包括天神组、混乱之王（Lord Chaos）与秩序之主（Master Order）、观察者、行星吞噬者、爱之女神（Love）与憎恨之主（Hate）、柯罗诺斯（Kronos）、永恒以及混沌之王（Chaos King）。[5] 大多数宇宙实体都参与了宇宙的诞生或灭亡，但没有哪一位是完全不可毁灭或永生不朽的，所有宇宙实体都曾被击败过。比宇宙实体更低一级的第四梯队是宇宙中的长

---

① *The Infinity War* #2 (July 1992), reprinted in *Infinity War* (2006). 需要注意的是，无上超然者（The-One-Who-Is-Above-All）并不是天神组（Celestials）领袖 The One Above All，后者仅仅是一位天神，是支点的仆从。（*Thor*, vol. 1, #287, September 1979, reprinted in *Thor: The Eternals Saga Vol. 1*, 2006）。

② *The Infinity War* #3 (August 1992), reprinted in *Infinity War*.

③ Exodus 12, 2 Samuel 24:16, 1 Corinthians 10:10, Hebrews 11:28, and Revelation 9:11.

④ *She-Hulk*, vol. 2, #12 (November 2006), reprinted in *She-Hulk Vol. 4: Laws of Attraction* (2007). [《圣经》中的原句应为《马太福音》(Mattew) 7:2:“因为你以某种方式评断他人，他人必将以同样的方式评断你。你用某种尺度衡量他人，也必将被同种尺度衡量。”——译者注]

⑤ 混沌之王与混乱之王的区别并不明显。（混沌之王是名为天翁津星的日本神，而混乱之王是人格化的混乱，与代表秩序的秩序之主相对应，两者是完全不同的角色。——译者注）

者，包括收藏家（Collector）、宗师、西索恩、大地之母盖亚（Gaea），或许还有死亡。①

当然，所有这些有关等级的讨论仅仅建立在对象的存在时间及诞生起源之上。深受希腊哲学与犹太基督神学影响的人们会认为最古老的便是最强大、最明智、最坚不可摧的。柏拉图眼中的理型是如
186 此，犹太基督教徒心中的上帝也是如此。然而，这无法适用于希腊及北欧的多神教。在这两种神话中（更不用说两者的源头之一美索不达米亚神话）②，后起之神——天父宙斯（Zeus）与奥丁（Odin）——能够分别战胜自己的父亲，获得至高无上的地位，即使原始神祇仍未退场。同样，漫威宇宙中的次级存在，比如灭霸（经天神组改造的奥林匹亚神明），能够支配无限手套（Infinity Gauntlet），继而打败永恒，再比如天父级的海格力斯可以战胜混沌之王。因此，就漫威宇宙中的创造物而言，出现次序是区分宇宙实体、长者以及天父的唯一标准。即使另有其他标准，也无疑十分有限。

---

① 在早期漫画中，死亡常被描绘为永恒的对立角色，这样的他或者说她可以称为宇宙实体。（死亡是女性，但有时会以男性形象出现，如在本章开头永恒称其为兄弟。——译者注）但是，在混沌之战（Chaos War）中，混沌之王被设定为永恒真正的对立角色，而死亡显然只是一个附属体。前一个版本参见 *Captain Marvel*, vol. 1, #27 (July 1973), reprinted in *Marvel Masterworks: Captain Marvel—Vol. 3* (2008)，后一个版本参见 *Chaos War* #2 (January 2011), reprinted in *Chaos War* (2011)。[死亡确实是宇宙五大创世神明之一，与另外四位，永恒、无限（Infinity）、湮灭（Oblivion）、行星吞噬者是兄弟姐妹的关系，所以应与永恒同为宇宙实体。——译者注]

② 在美索不达米亚神话中，第二等神明埃阿（Ea）杀死了自己身为第一等神明的父亲——原始神阿勃祖（Apsu），而埃阿的儿子，三等神马杜克（Marduk）杀害了一等原始女神提亚玛特（Tiamet），成为万神之王。参见 Enuma Elish 1.4，1.69 及 4.104。

“神明有所不同”

那么，当我们探究“神明”复仇者及“非神明”复仇者之间的不同之处时，也许不会发现明显的差异。以索尔为例，盖亚是天父奥丁之母，奥丁是阿斯加德的众神之首，奥丁与盖亚[化身为娇德（Jord）]是索尔的父母。① 显然，奥丁之所以被尊为天父是因为他仅由长者盖亚所生（没有次等生命的参与），而索尔之所以是次等神明是因为他的血统被身为天父的父亲稀释了。

漫威宇宙中的大多数神明，包括阿斯加德人在内，都生活在不同于复仇者联盟的次元，并且能够干预人类次元的事务，反之则困难许多。拥有更为强大的魔法能力的神明在面对魔法攻击时似乎也更具抵抗力。比如，几乎与神明不相上下的噩梦之王（Lord Nightmare）能够控制“凡人的心灵”，身为神明的索尔却可以不受影响。② 神明的力量同样普遍超乎常人，甚至超乎超人类。当浩克的儿子斯卡尔
（Skaar）问及：“神？那又如何？我们什么样的怪兽恶魔没对付过。” 187
女浩克立刻回应道：“你不懂，神明有所不同。”③确实如此：“在凡人之中，”赫拉（Hera）对浩克说道，“你也许是最强大的，但神父宙斯能

---

① *Thor*, vol. 1, #300 (October 1980), reprinted in *Thor: The Eternals Saga Vol. 2* (2007).

② *Chaos War* #2.

③ *Incredible Hulks* #622 (February 2011), reprinted in *Incredible Hulks Vol. 1: Chaos War* (2011).

够在一念之间将你化为乌有。”尽管宙斯并没有这样做，但他的确大败浩克，把他像普罗米修斯一样束缚起来，任秃鹰啄食。事实上，即使是在洛基为了使浩克与索尔反目成仇而用魔法控制前者时——洛基的说法是“只有你曾让雷神索尔濒临战败”——是索尔，而非浩克，举起了神力之锤姆乔尔尼尔（Mjolnir），也是索尔，而非浩克，获得了胜利。正如代表复仇者心声的黄蜂女所说：“索尔，我们知道你是最强大的。”①

当然，在这个有所分级却灵活机动的宇宙中，诸如此类的言论十分常见，并不绝对。比如力量就是一个难以明确的概念。它指的是单纯的身体能力，还是包含——暂且不提魔法——身体之外的能力？例如，万力王（Graviton）控制重力的能力足以战胜索尔，因此他这样问道：“你觉得我会屈从于你所谓的神性吗？也许我也是神呢。”②即便在大部分情况下神明确实比超人类更加强大，但也无法在武力上独自匹敌结为团队的次等存在，海格力斯就是这样被海德先生（Mr. Hyde）、歌利亚以及破坏组（Wrecking Crew）围攻至奄奄一息的。③

---

① *Avengers*, vol. 1, #220 (June 1982).

② *Avengers*, vol. 1, #159 (May 1977), reprinted in *Essential Avengers Vol. 7* (2010). 另见 *Avengers: Earth's Mightiest Heroes*, season 1, episode 7 (Marvel Animation, 2010)。

③ *Avengers*, vol. 1, #274 (December 1986), reprinted in *Avengers: Under Siege* (2010).

本体论漫画第 1 期

那么永生(immortal)意味着什么？在**本体论**(ontology)——研
究存在本质的哲学理论——看来，我们所说的**永恒**(eternal)存在身
处时间之"外"，没有起点也没有终点；**永生**者则有时间起点但没有终
点；而**凡人**(mortal)既有起点也有终点。在漫威宇宙中，只有上帝是永 188
恒的。由于其余一切存在皆为生物(由上帝所创造)，所以不是永生者
便是凡人。然而，鉴于所有生物——除了灭霸与术士亚当(Adam
Warlock)之外——都会[在《漫威宇宙：终结》(*Marvel Universe*：*The
End*)第 6 期中]死亡，似乎所有生物都有终点。所以，严格来讲，漫
威宇宙的一切存在都终有一死，除了上帝。

但是，在另一种意义上，不仅宇宙实体、长者、天父以及神明，甚至超人类、外星人与人类都可以被视为永生者，或者用索尔的话来说，可以"从长眠中觉醒"。① 比如天父奥丁与宙斯，历经数次死亡，仍然能以不同的形态在各自的冥府里继续存在，身旁还有逝去的超人类及人类的赤裸灵魂。所有生物都会死亡，却也能够(按照上帝的旨意)继续存在。实际上，在漫威宇宙中，宇宙实体、长者、神明乃至人类的复活或重生并不罕见。② 因此，神明的"永生"仅仅意味着他

---

① *Avengers* vol. 1, #277 (March 1987), reprinted in *Avengers: Under Siege*.

② 比如在 *Avengers Disassembled: Thor* (2004)之后，阿斯加德人在 *Thor by J. Michael Straczynski Vol. 1* (2008)中复活。

们不会因年老或疾病而死,并不是说他们的“躯体”不会消亡。

浩克、黄蜂女以及黑寡妇相较于神明索尔都是更低一级的存在,不过这主要基于血统与年龄,在天然免疫力以及超能力方面则差距不大。当然,四者皆由上帝授意,经其仆从永恒与盖亚之手创造,在这种意义上,他们是平等的。但我们知道,次次次次级造物主奥丁为人类的创造进行了最后的润色(“有人说他创造了第一个人类”)。①如果这是真的,那么身为奥丁之子的索尔是由奥丁**诞下**的,而浩克、黄蜂女、黑寡妇是由奥丁**创造**(润色)的。

既然漫威宇宙存在着“唯一至上”的上帝(并且声称“除我以外,
189 你等无神可敬”),那么其他神明的意义何在?小写的“god”一词在《圣经》中指的是由雕像呈现的并不存在的神灵[比如《撒母耳记上》(1 Samuel)5:4 中提到的大衮(Dagon)]、叛逆天使(比如撒旦)甚或是人类。《诗篇》(Psalm)82:6 写道:“我说过,‘你等皆为神明’;你等皆为至高者的子孙。”——这句话在《约翰福音》(John)10:34 中被引用并由耶稣阐释道:

> 你们的律法不是写道“我说过,你等皆为神明”吗?倘若听受神道的人被称为神(而经文是不可废除的),你们还会对经圣父圣化并派往世间的他说“你这是亵渎”吗?只因我说“我是上帝之子”?

---

① *Thor*, vol. 2, #83 (October 2004), reprinted in *Avengers Disassembled: Thor*.

所以，其他的“神”可以与犹太教及基督教传统中的上帝共存，漫威宇宙中的上帝也不例外。

神圣即为美德？

漫威宇宙与我们所处的宇宙类似，本体论意义上的地位——通常与诞生次序、寿命长度、力量及知识密切相关——并不是个体道德的衡量标准。我们的世界里有撒旦为例，漫威世界有梅菲斯特(Mephisto)：两者皆为古老又强大的邪恶存在。而这一点不仅限于恶魔。戴上无限手套的术士亚当竟然认为真正的至高存在不应放任“善恶模糊他的判断”，甚至身为其“善”面的女神(Goddess)也名不副实，以为美德是可以施加的力量而非内心的追求。① 更有甚者如行星吞噬者与天神组，在毁灭世界时屠杀了数百万计的生命；女神赫拉的丧心病狂可以从她与浩克的对话中看出：“对恶魔起誓毫无意义”；永恒本身便与上帝不和，他对奇异博士说道：“我的位置高于感恩这种渺小的情感！”②力量与权威似乎并不一定转化为正确的行为。

那么邪恶的根源是什么？与犹太基督教故事相符的线索在漫威 190
宇宙里随处可见。在《神奇四侠》第 3 辑第 511 期中，上帝告诉四侠他们是他的“协作者”，并说道：“你们不是任何人的木偶……没有人

① *The Infinity War* #2; *The Infinity Crusade* #3 (August 1993), reprinted in *Infinity Crusade Vol. 1* (2008). [术士亚当将自己的善恶两面剥离出灵魂，分别创造了女神与法师(Mangus)这两个存在。——译者注]

② *Incredible Hulks* #622; *Doctor Strange*, vol. 2, #13.

可以替你生活。”而在《动感蜘蛛侠》(*Sensational Spider-Man*)第40期里，彼得问上帝为什么他会被赋予超能力，上帝的回答是带领他回望自己一路以来救下的人们：“他们就是一部分原因，彼得。”诚然，上帝造物是出于热爱，但他创造理性存在(所有可被称为“gods”的存在)是为了与之交往(或者说让创造物与善交往)并播撒善意。由于善恶的意义只能在自由之人身上体现，所以上帝赐予所有存在自由的意志，让他们在善(上帝)或恶之间做出抉择。“除我之外，你等无神可敬”的真正含义并不是否认其他神明的存在，而是指无所不容的大爱：上帝与善至高无上。邪恶的生物则更加重视或推崇上帝及其道德律法之外的事物。明智之人都了解这一点，观察者就对沉睡天神(Dreaming Celestial)如此说道：

> 这种脉动起初似乎完全是随机的，但现在已经形成了循环？这便是人类所说的良心。它区分善恶，认清黑白。我竟然很久之后才意识到，最好的做法就是听从它。①

尽管复仇者们身份各异，在这宏大的系统中也并不是特别强大的存在，但他们也了解这一点。比如，索尔就明白对错之间的区别十分重要，所以他告诉“众神杀手”德萨克(Desak)②：“我始终承认某些神明是险恶的。但不辨善恶的你同样险恶。”③并且，虽然他“并非完

① *Eternals*, vol. 4, #9.

② 原书错拼为Devak。——译者注

③ *Thor*, vol. 2, #78 (July 2004), reprinted in *Thor: Gods & Men* (2011).

全谦卑”，有时甚至自负，但这位雷霆之神与其他英雄一样充满善
意。[1] 而除此之外，他也认为正义因爱而完满——准确地讲，是因为 191
基督之爱(agape)或牺牲之爱，亦即至高之爱，《圣经》中所说的上帝的别名——爱。[2] 索尔身为一位充满善意的神明，同样充满正义感(以应有的方式对待每一个人)与慈悲心(以正面的方式超越正义的范畴)，他曾说过：“我绝不会动摇我保护这个星球并拯救其人民的决心！”[3]因此他给予我们保护，即使为了体现这种爱，会面临不得不杀害无辜之人(在斯克鲁人入侵之战最后化身为人形定时炸弹的黄蜂女)的可怖道德困境。[4] 所有复仇者都是善意的，而鉴于善是上帝的其中一面，我们可以说他们都爱着上帝，这种爱或许清晰可见，或许隔着暗色玻璃。

对神灵而言——机会均等?

美国政府与复仇者联盟之间的联络人杜安·弗里曼(Duane Freeman)曾试图迫使团队接纳更多的少数族裔成员，对此钢铁侠回

① *Avengers*, vol. 1, #220.

② 1 John 4:8.

③ *Thor*, vol. 1, #388 (February 1988), reprinted in *Thor: Alone Against the Celestials* (1992). 另外，在 2011 年的电影《雷神索尔》(*Thor*)中，索尔告诉洛基：“这些人是无辜的。杀死他们对你来说没有任何意义。所以你杀了我吧，一切到此为止。”之后，我们看到垂死的索尔说道：“结束了。”这呼应了耶稣受难前的遗言“完成了”。(《约翰福音》19:30)

④ *Secret Invasion* #8 (January 2009), reprinted in *Secret Invasion* (2009).

应道：

> 我们招募成员不看肤色。复仇者联盟的意义不在于平等代表权——队伍的人数不足以做到这一点。我们存在的意义是完成任务——仅此而已。多年来我们接纳了许多少数族裔成员——黑人、拉美裔、吉卜赛人甚至是神话中的神明。我们从未因为种族排斥任何人——任何存在。①

对于上帝而言也类似如此，无论是在漫威宇宙还是我们自己的宇宙中。造物主乐于接纳一切存在，不仅是人类，还包括他所创造的任何具有自由意志的生物（“gods”）。不过他的接纳有一个前提：他们必须爱戴他，也就是必须充满善意。这样看来，复仇者联盟为我们所有人树立了榜样，因为尽管他们各不相同，却仍然出于对善——或上帝——的追求而团结一致。

---

① *Avengers*, vol. 3, #27 (April 2000), reprinted in *Avengers Assemble Vol. 3* (2006).

15

复联式爱情：机器人能否爱上人类？

查尔斯·克莱曼(Charles Klayman)

曾几何时，幻视与猩红女巫这两位复仇者坠入爱河，继而走进婚姻殿堂。[①] 联盟中的一些同事对此事抱有疑虑，因为幻视毕竟是机器人，而猩红女巫是人类(更准确地说，是变种人，不过这一点并不重要)。无论是由人工合成还是由有机成分组成，机器人都是人造的，不是我们所说的“活物”。然而他们看上去与我们极其相似(但没有赘肉和粉刺)，似乎还具有自我感知能力，仿佛像我们一样能够意识到自己的存在。那么，鉴于这些差异与相似之处，机器人能否爱上人类？反之又如何？

① 漫画中的幻视与猩红女巫已经分手多年。——译者注

195

爱究竟是什么？

基于柏拉图与亚里士多德的理念[1]，哲学家兼基督教护教士 C. S. 刘易斯（C. S. Lewis）（1898—1963）将爱大致划分为四类，分别是**喜爱**（affection）、**友爱**（friendship）、**情爱**（Eros 或 romantic love）以及**仁爱**（charity）。[2] 在刘易斯看来，每一种爱都包含三个属性或元素，即**赠予之爱**（gift-love）、**需求之爱**（need-love）以及**欣赏之爱**（appreciative-love）。不同类型的爱内含的元素比例有所不同，这些元素看上去彼此独立，实际上“时时刻刻都在混合交替”。[3]

最为基础的**需求之爱**通常易被解读为利己主义。学步的幼儿伸出双手抓住自己的母亲，我们不会说这是自私的行为。这仅仅是幼儿爱的表现，只不过在形式上恰巧展现为对母亲的需要。需求之爱与我们自身的需求相关，并且会在需求被满足后停止。一旦母亲抱起幼儿，他的需求便得到了满足。但不是所有需求都如此转瞬即逝：“需要本身也许是永久不变或循环往复的。”[4]

另一方面，**赠予之爱**意味着给予——并不一定出于内心的善意，而可能是出于给予的需要。母亲给予幼儿关心不是因为她的善良，

---

① 参见 Plato，*Symposium*，199c－212b（所有权威译本都会包含这样的标准页码）及 Aristotle，*Nicomachean Ethics*，book Ⅷ，chapters 1－8。

② C. S. Lewis，*The Four Loves*（New York：Harcourt，Brace，1960）.

③ 同上，33。

④ 同上，30。

而是因为她需要关心她的孩子。就赠予之爱而言，人们渴望给予爱人幸福、舒适、保护，诸如此类。①

最后，与给予或接受无关，**欣赏之爱**指的是“认为对象极其美好的判断，履行义务一般的关心（几乎可以说是崇敬），以及即使我们无法享受这一切，也希望对方永远保持原状的愿望。这样的对象不仅限于事物，也可以是人物”。② 所以当我说道：“我爱每周一次的比萨之夜。”我的意思是比萨实在太好吃了，我花费每周一次的时间不单
单是为了品尝它，更是为了赞赏它的所有品质，希望在我死去之后， 196
比萨的制作也能够持续下去。

朋友、爱人以及重要他者

这些属性如何加以结合，形成不同类型的爱？哪一种爱又最适合描述幻视与猩红女巫之间的关系呢？让我们首先考虑**喜爱**，这种爱的基础是熟悉度。每周吃一次比萨显然成为一种常规，而令我们习以为常的事物往往会让我们产生爱意。这样的爱是滋生嫉妒的土壤：“改变会威胁到喜爱。”③如果把我的周五之夜从腊肠比萨改为寿司拼盘，那就等着看我如何为夺回比萨之夜做斗争吧。如果把学步的幼儿换作叛逆的青少年，那就等着听那位妈妈大喊：“**我的**宝贝怎

---

① C. S. Lewis, *The Four Loves* (New York: Harcourt, Brace, 1960), 33.

② 同上。

③ 同上，70。

么会变成这样?!”如此看来，人类可能会在一段时间后习惯某个机器人的存在，尽管喜爱似乎并不是猩红女巫对幻视抱有的感情。身为复仇者的猩红女巫显然是喜欢幻视的，尤其是在他们开始恋爱之前已经认识了 32 期的时间。[①] 虽然人类可以对机器人产生喜爱，但只有喜爱不足以支撑恋爱或婚姻关系。

那么友爱能够发展为幻视与猩红女巫之间的爱吗？复仇者联盟是一个团队，队员可能会成为伙伴，但不一定能成为朋友。比方说，在与邪恶势力苦战了一天后，我们可以想象奇迹人会与野兽一起参加通宵派对，却不大可能邀请美国队长或者鹰眼加入活动。在他们眼中，这两位是绝佳的复仇者队友，但可能不是共度闲暇时光的候选对象。毕竟，美国队长只会假正经而鹰眼是个笨蛋。

197 不愿与复联同事共度闲暇时光也许令人难以理解，但刘易斯笔下的**友爱**与**伙伴关系**（companionship）之间的差异的确如此具体。友爱是爱的一种，而伙伴关系则不是。朋友一定是伙伴，而伙伴却不一定能上升到朋友的程度。伙伴关系来源于协作的本能，而友爱“来源于伙伴关系，当两位或以上的伙伴发现他们享有共同的观点、兴趣甚或品位，而他人并不具备，在那一刻，他们彼此相信这些共同点是自身的独有财富（或负担）”。[②] 这种激发友爱的共性通常体现为共同的愿景或对同一事实的一致看法与关注。[③] 比如，只要复仇者都

---

① 他们在《复仇者联盟》第 1 辑第 76 期（1970 年 5 月）中第一次见面，在第 108 期（1973 年 2 月）中确认彼此的感情。两期内容分别重印于 *Essential Avengers Vol. 4* (2005) 及 *Vol. 5* (2006)。

② Lewis, *Four Loves*, 96.

③ 同上，99。

热衷于打击反派，对善胜于恶抱有相同的愿景，那他们便可能成为朋友。

鉴于刘易斯对于友爱的解释，人类与机器人之间似乎可以形成友爱。不过，猩红女巫与幻视的关系在友谊之上，尤其是在两人互表爱意之后。[①] "友谊之上"通常暗示着一段浪漫关系，也就是刘易斯所说的**情爱**，陷入恋爱的状态。[②] 这一类型的爱往往与性欲有关，刘易斯将之命名为**情欲**（Venus）以区分于其他性欲，诸如动物的交配欲望。从进化的角度来看，情爱是由情欲发展而来的，但刘易斯强调情爱并非始于身体。相反，情爱的起点是一种心理状态——专注。"处于这种状态下的男性没有空闲考虑性事。他的思维已被某个人占满。她是女性这一事实远没有她就是她自己这件事重要。"[③]

刘易斯主要表达了两个观点。第一，浪漫的爱情并非基于性欲，而是基于吸引。第二，被爱之人拥有**自我**，可贵又独特的自我。这种自我潜藏在个体的身体之下，是内在的人格、灵魂或者说"真正的 198
你"。正如刘易斯所说："陷于情爱中的男性真正想要的不是一位女性，而是**那一位女性**。"[④]因此，恋爱中的人爱上的是具体又独特的个体，不可替代。

在爱人眼中，所爱之人的美好与对方给予自己的快乐或幸福无关。情爱的关键在于成为爱人之人。我们会说"一对"恋人，因为朋

---

① *Avengers*, vol. 1, #109 (March, 1973), reprinted in *Essential Avengers Vol. 5*.

② Lewis, *Four Loves*, 131.

③ 同上，133。

④ 同上，135。（着重处系本人所为。）

友是肩并肩的,而恋人是面对面的。[1] 刘易斯写道:"情爱会首先抹去给予与接受的差异。"[2]在真正的情爱里,给予与接受之间的界限消失殆尽。

无回报之爱

不过,如果被爱之人不愿或不能与之"面对面",这样的关系还能称为情爱吗?也许可以,但这将会是病态的情爱。假设女浩克对复联管家贾维斯动了心,后者无视她的爱意,不愿回应。美国队长可能会这样建议道:"坚持到底!贾维斯会接受你的。"而奇迹人也许会说:"放弃吧!他永远不会喜欢你这样的人。"这是当我们处于类似情况时,经常听到的劝告:坚持下去,直到所爱之人注意到真实的我们并回馈我们的爱意,或是放弃迷恋,不再专注于对方。

我们可以参考希腊神话中的纳西索斯(Narcissus),爱上自己倒影的少年。他的倒影显然不能回应他的爱意,而可怜的纳西索斯无法离开自己的影子,最终死去。在女浩克与贾维斯的例子中也是如此,如果爱意得不到回应,会演变为妄想或狂乱。所以,人类似乎可以对机器人产生爱情,但倘若这份爱情没有回音,便会扭曲。

既然得不到回应的情爱可能沦为病态,在刘易斯看来,有一种爱
199 专指爱上不可爱之人。这听上去十分矛盾,刘易斯引入了基督教上

---

① Lewis, *Four Loves*, 91.

② 同上,137。

帝的概念来解释第四种爱，**仁爱**，这种爱本质上是赠予之爱的延伸。他区分了天然的赠予之爱以及上帝自身的赠予之爱，并将后者称为**神圣的赠予之爱**（divine gift-love）与**爱之本身**（Love-Himself）。

> 天然的赠予之爱的对象始终是爱人眼中或多或少可爱的人——能够被喜爱、情爱或[友爱]吸引的对象……但人们心中的神圣的赠予之爱使其爱上并不可爱的对象：麻风病人、罪犯、敌人、蠢货、阴郁之人、上位者以及耻笑你的人。最后也最为矛盾的悖论是，上帝使人们向他献上赠予之爱。①

"献给上帝"这一点似乎存在问题，因为一切已然属于上帝，不过刘易斯的意思是，我们能够通过保持善良与仁慈向上帝奉献："接受我们所提供的食物与衣物的每一个陌生人都是基督。而这显然就是对于上帝的赠予之爱，无论我们是否意识到这一点。爱之本身能够作用于那些对他一无所知的人。"②仁爱的所爱之人没有具体的对象，而是广义的人类。所以，人类可以给予机器人仁爱，但这样的爱将不仅限于这个特定的机器人。

① Lewis, *Four Loves*, 177。
② 同上，178。

“我姐姐才不会跟一个——一个——一个机器人扯上关系！”①

这样看来，人类是能够爱上机器人的，不管这种爱是喜爱、友爱、情爱还是仁爱。当然，用情爱来描述猩红女巫与幻视之间的关系似乎最为准确。因此，我们将继续探究机器人能否以同样的方式爱上人类。

我们可能会觉得机器人无法产生感情，因为他们是机器，就像圆
200 锯或搅拌机一样。这种观念有一定问题，即认为只有人类才拥有爱的能力。这显然是不妥的，因为诸如索尔或马-维尔这样的非人类也具有感情。诚然，他们是生命体，而机器不是。某些机器，比如猎杀变种人的哨兵(Sentinels)，明显不具备爱的能力。然而在某种意义上，人类可以说是“血肉铸成的机器”，由有机成分组成，基因密码编程，在外部环境的刺激下运行。所以，并不是所有机器都没有爱。

或许人类(human)与索尔及马-维尔这样的非人类(nonhuman)都属于**个体**(person)，而机器人不是。或许只有个体才拥有爱的能力。这种观点的问题在于个体性是十分模糊的概念。“个体”不一定是人类，个体是任何享有或值得享有生命权或受尊重权等权利的存在。那么，为什么人类、阿斯加德神明以及克里人能被视作个体，而

---

① 出自快银，参见 *Avengers*, vol. 1, #110 (April 1973), reprinted in *Essential Avengers Vol. 5*。

机器人、僵尸以及动物不可以呢？或许是因为前者具有灵魂，而后者没有。那么，这一回答继而引出了有关灵魂本质的问题。我们如何确定灵魂是什么，谁又具有灵魂？

仅凭机器人的无机构成与人工制造过程就否认他们爱的能力，似乎并不合理。致力于为动物争取权益的当代哲学家彼得·辛格（Peter Singer）主张道，当群体内的成员认为自己具有的任意特征是其他群体所缺乏的，便可能产生各种形式的偏见，诸如性别歧视与种族主义等。按照辛格的观点，**物种歧视**（speciesism）即是一种针对其他物种成员的偏见或类似态度。① 由于机器人是人工制造的所以他们无法产生感情，这种结论或许也是出于某种偏见。

辛格也许会指出，机器人与动物相似，具有痛感与喜恶。除此之外，他们甚至能够意识到自己处于社会边缘地位。幻视显然热衷于打击邪恶势力，否则也不会加入超级英雄事业。他也常常经历精神及身体上的痛苦。② 最后，他清楚身为机器人的自己是如何被其他 201
人边缘化的："哪怕与变种人、怪兽以及神人相比，我们这样的人造生命体仍然是最不被接受的。"③那么，我们应当追随辛格的脚步，避免**有机主义**（organicism），消除针对合成生物的偏见。事实上，我们应

① 参见 Peter Singer, "All Animals Are Equal," in *Applied Ethics*, ed. Peter Singer (New York: Oxford University Press, 1986), 215 - 228。

② 幻视在加入复仇者联盟时情难自禁，落下眼泪，参见 *Avengers*, vol. 1, #58 (November 1968), reprinted in *Essential Avengers Vol. 3* (2001)。他也曾因身体失去控制而承受巨大痛苦，参见 *Marvel Team-Up*, vol. 1, #5 (November 1972), reprinted in *Essential Marvel Team-Up Vol. 1* (2002)。

③ 这段话的对象是机器人（Machine Man），另一个人造生命体，参见 *Marvel Super-Hero Contest of Champions* #1 (June 1982), reprinted in *Avengers: The Contest* (2010)。

当承认他们与我们一样，具有相同的权益与地位，包括恋爱与成婚的权利。

爱：美式风格

尽管个体性决定了机器人在道德意义上“有权”爱人与被爱，我们仍未解答他们**能否**爱人这一问题。为了回答这一点，我们必须了解爱究竟**是**什么。就本文而言，我们可以说爱是一种**概念**。

美国哲学家查尔斯·S. 皮尔斯（Charles S. Peirce）（1839—1914）提出了**实用主义原则**（pragmatic maxim），一种看待各种概念及其含义的方式。皮尔斯是这样描述的：

> 设想一下我们构想中的概念对象应具备的效果，能够产生可预见实际影响的效果。我们对于这些效果的概念总和即我们对于该对象的概念。①

因此，当我们思考爱这一概念时，它可能是指爱在我们所处的世界里产生的影响。如果像幻视这样的机器人爱上了像猩红女巫这样的人类，他的爱意具有何种意义？这种爱情的实际效果也许包含照

---

① Charles S. Peirce, “How to Make Our Ideas Clear,” in *The Essential Peirce: Selected Philosophical Writings, vol. 1, 1867 - 1892*, ed. Nathan Houser and Christian Kloesel (Bloomington: Indiana University Press, 1992), 124 - 141, at 132.

顾她、善待她、倾听她，关心她的需要与感受，与她保持一定程度的肢体亲密关系。显而易见，幻视都一一做到了。

实用主义原则不仅是一种看待概念的方式，更有助于阐释我们
的概念。例如，泽莫男爵也许会说他爱他的宠物狗弗里兹，但是泽莫 202
并没有喂养照看它，反而不闻不问甚至虐待弗里兹。那么根据实用主义原则，泽莫对宠物狗的爱毫无意义，无论泽莫如何强烈反对这一点。

如果展现爱情的错觉或假象是机器人的一道已设程序，又会怎样？我们是否能够接受这样的“伪装”？人类也会给他人带来爱情错觉。在剧本的要求下，受过训练的演员会进入表演“程序”，一举一动仿佛都是恋爱中的人。这看上去显然像是爱情，却并不真实，因为演员**内心**没有感受到爱意。类似地，机器人或人类都可以声称自己产生了恋爱的感觉，这本身也是爱的一种实际效果，但只有通过他们的行动才能判断他们是否真的陷入了爱情——他们如何行事，如何证明自己的感觉，这些都是可见可测的。某种意义上来说，真正的测试是这种爱意是否能令双方有所**感受**。

因此，尽管部分复仇者成员有所疑虑，但机器人与人类的确能够真正意义上地相爱。凭据不在于确定他们是什么样的存在——是机器人还是人类——而在于观察他们的所作所为与所感所知。

204 # 16

箭之道：鹰眼与道家大师的相遇

马克·D. 怀特(Mark D. White)

虽然克林特·巴顿在其超英生涯中使用过其他代号，比如歌利亚与浪人(Ronin)，但复仇弓箭手鹰眼始终是他最为人熟知的身份。自幼失去双亲的鹰眼与哥哥巴尼(Barney)加入了一家流动马戏团，由捷射(Trick Shot)教授箭术。他既是游艺团成员，也兼职犯罪分子。在钢铁侠的刺激下，克林特变身为蒙面冒险家鹰眼，踏上追求荣耀的旅程，却被误认为罪犯。不久之后，他遇见了娜塔莎·罗曼诺娃，被称为黑寡妇的俄罗斯间谍，后者一心想要消灭托尼·史塔克(在她自己成为超级英雄之前)。克林特为她沦陷，同时沦为她的共
205 犯。然而，在俄罗斯政府开始反击试图叛逃的黑寡妇后，克林特承诺弥补自己的过失，并将申请加入复仇者联盟作为第一步。① 与同样在早期生涯中身处法外的猩红女巫和快银一道，克林特跻身复仇者

① *Tales of Suspense* #57, 60, and 64 (1964 - 1965), reprinted in *Essential Iron Man Vol. 1* (2002)及 *Avengers*, vol. 1, #16 (May 1965), reprinted in *Essential Avengers Vol. 1* (1998)。有关鹰眼加入复联过程的更新版本，参见 *Hawkeye: Blindspot* #2 (May 2011), reprinted in *Hawkeye: Blindspot* (2011)。

联盟第二版阵容，也就是无人不晓的“美队的疯狂四重奏”。[①]

此后便是传统的漫画英雄经历，不过仍然相当曲折：数次死亡与复活，先后加入过复仇者联盟、捍卫者联盟、西海岸复仇者、大湖复仇者(Great Lakes Avengers)(!)、雷霆特攻队、新复仇者以及秘密复仇者。当然，他还与包括黑寡妇及仿声鸟波比·莫尔斯(Bobbi Morse)在内的多名女性发生过浪漫关系，并与后者在首次合作后结婚。[②]复仇者同僚眼中的鹰眼傲慢自大，但是他的行为举止其实掩盖了内心深处的自我怀疑，这种怀疑根植于其不幸的童年、早期超英生涯的失误以及与漫威英雄中的至圣者（美国队长）、最强者（索尔）、极智者（钢铁侠、汉克·皮姆）的对比。克林特不变的失败者形象——无论是否为其应得的待遇——让人联想起名为道学(Taoism)的东方哲学，我们将在本章中一探究竟。

克林特，无须强求

道家哲学最为经典的著作即《道德经》，通常被译为“生活之道”。据称，此书由老子于大约公元前500年著成——误差范围为一世纪——为普通人指明了生活的方式，也为执政人士提供了完备的管

① 有关救赎与改邪归正的话题，参见本书中丹尼尔·P. 马洛伊所著章节《宽恕者集结！》以及安德鲁·泰耶森所著章节《美队的疯狂四重奏：有可能改邪归正吗？》。

② *Hawkeye*, vol. 1, #4 (December 1983), reprinted in the hardcover collection *Avengers: Hawkeye* (2009).

理建议。① 不过，如果将美好的生活理解为一种自我管理，整部《道德经》都可以被视为指导人们放弃对抗，与自然之道保持一致的作品。

206 最能体现这种对于自然之道的敬意的例子——但也最为矛盾——便是**为无为**这一概念，即通过不行动而行动："为无为，事无事。"②为无为并不是指被动或懒惰，而是希望人们与宇宙的自然和谐保持一致，认识到自己有限的能力不足以改变现状（以及这样的尝试有多愚昧）。我们不应将精力浪费在不可变更的事物上，而应保留给能够改变的事物，并且关键在于如何分辨两者。这样看来，为无为在内核上与神学家雷茵霍尔德·尼布尔（Reinhold Niebuhr）（1892—1971）的平静祈祷文类似，其中流传最广的一段话是这么说的："上帝赐予我平静的心境，让我接受无法改变的事情；上帝赐予我勇气，让我改变能够改变的事情；上帝赐予我智慧，让我明辨两者的区别。"③

诚然，没有人会认为捷射是一位道家圣人或明智之人——他是酗酒成性、粗鲁无礼、难登大雅之堂的窃贼——但他深谙箭术，并与后来的鹰眼进行过多次较量。捷射在训练年幼的克林特·巴顿时，曾这样告诉过他："你必须学会自然又自如地操作你的弓！这便是箭

---

① 目前，许多学者认为《道德经》更有可能是汇聚集体智慧的匿名作品合集，而非个人著作，但为了便于讨论，我们依然将老子视为其作者。

② 《道德经》第63章。原书引用的英译本出处为 Thomas Cleary, *The Taoist Classics*, vol. 1 (Boston: Shambhala Publications, 1994)，下同。

③ 这一概念也可以在禁欲主义哲学家爱比克泰德（Epictetus）（55—135）的作品中看到。参见其著作 *Discourses*, Book 4, chapter 4。

之道！”[1]使用弓箭是以最为基础的方式控制自然的力量，成功的弓箭手必须与弓协作，而非凌驾于它。正如鹰眼内心一度所想的，若要实现完美的射击，必须“处于当下”，与弓、环境、自身——简而言之，与自然合为一体。[2]

鹰眼游刃有余的弓箭之术无疑诠释了为无为的内涵，但不能忽视的是，如此精湛的技艺需要大量的努力才能练就。遗憾的是，技高一筹的他傲慢自大，这种态度令其在复仇者成员中显得突兀——尤其是与美国队长相比。老子在对于圣人的描述中就提道：“不自伐，
故有功”以及“自伐者无功，自矜者不长”。[3] 夸耀自身能力与英雄气 207
概的鹰眼，反而使之有所减损。他要求人们关注自己的成就，而不是让其不言自明，这违背了为无为的精神。

你可能会想，克林特本应从自己的起源故事中吸取教训，当时的他试图超越钢铁侠，却被误认为犯罪分子。老子曾写道：“夫唯弗居，是以弗去。”[4]起初，鹰眼一心想要成名，却事与愿违，反而落得恶名。他需要明白获得名誉的最佳方法是**不去**追求它。最终，他以复仇者的身份达到名誉巅峰，运用自己弓箭手的技艺打击犯罪与邪恶势力，不再好大喜功。老子并不赞成追名逐利的生活，但如果这是鹰眼的

---

① *Solo Avengers* #2 (January 1988), reprinted in *Avengers: Solo Avengers Classic Vol. 1* (2012).

② *Hawkeye & Mockingbird* #3 (October 2010), reprinted in *Hawkeye & Mockingbird: Ghosts* (2011)，后者包含该短期连载的全部六期内容。这一心态在克林特失明后，不得不与自己的哥哥及泽莫男爵对抗时起到了作用（*Hawkeye: Blindspot* #4, July 2011）。

③ 《道德经》第 22 章及第 24 章。

④ 《道德经》第 2 章。（意思是正由于不居功，便无所谓失去。——译者注）

诉求，那么为无为会指引他如何作为——也就是**不**作为。

弓箭手与屠夫的相似点？

如果说老子是以诗歌或者说韵文的形式著成了《道德经》，那么公元前 4 世纪的道学家庄子便是在老子观点的基础上，以散文风格讲述了各种故事与寓言，以阐明其道家思想。克林特·巴顿的父亲是屠夫这一设定相当合理，因为这份职业与箭术一样，对于技巧与专注力要求极高——并且恰好与庄子所著的故事之一主题相同。故事中，当朝皇帝十分赞赏某位屠夫屠宰全牛的技艺，好奇对方为何具有如此高超的水平，却不费吹灰之力：

> 始臣之解牛之时，所见无非牛者……方今之时，臣以神遇而
> 不以目视，官知止而神欲行……彼节者有间，而刀刃者无厚；以
> 208 无厚入有间，恢恢乎其于游刃必有余地矣，是以十九年而刀刃若
> 新发于硎。①

听毕，皇帝叹道："善哉！吾闻庖丁之言，得养生焉。"②

可以想见，也会有人像这样惊叹于鹰眼的弓箭之术，尤其是这种技术如何体现了对于自然和谐的尊重以及长期以来的大量努力。庄

① 《庄子》第 3 章，66—67。（即庖丁解牛的故事。——译者注）
② 同上。

子的寓言进一步完善了为无为，强调阻力最小的道路——比如骨节间的空隙——是人们应当采取的成功生活方式。鹰眼射出的箭在我们看来是不可能完成的任务，甚至让其他复仇者大为惊奇，但他不会在紧急情况下追求最高难度的表现。也许他会在训练中测试自己，或者在展示时表演（可能是面对一位女士），可是战斗中的他会以最大成功概率为目标进行射击，即使对于富于经验的弓箭手来说，这可能也意味着最容易达成的目标。换言之，你有机会通过挑战极限以证明自己，也有机会通过完成任务以证明自己，而鹰眼已经大致找到了两者间的平衡点。[①]

在复仇者联盟早期故事里，鹰眼曾计划发射电磁箭头来牵制黑豹的失控飞船。黑豹说道："上帝保佑，你可别射偏了。"鹰眼回应道："这位先生，请闭嘴！我从不射偏……坐稳看着吧，伙计们。"他的弓弦却绷断了，只得依靠幻视挽救局面，震惊之下的他说道："就因为这一根倒霉的断弦……我成了无用之人！我不配跟大家同属一个团队。"之后，复仇者联盟发现黑寡妇遇到了麻烦，便撇下了克林特匆忙出发，因为当下的他已被个人情绪干扰。克林特接受了这一决定，却是出于不同的理由，他自言自语道："他们说得没错，该死的！像我这样的莽夫只会搞砸一切……致我们所有人于死地！"因此，他决定摄 209
入汉克·皮姆的放大血清，成为新任歌利亚以拯救娜塔莎。当皮姆

① 然而，在《复仇者联盟》第 3 辑第 79 期（2004 年 4 月）[重印于 *Avengers Vol. 4: Lionheart of Avalon* (2004)]中，鹰眼试图一人挑战整个破坏组——索尔也无法轻易取胜的强大三人集团。惨败后的鹰眼向黄蜂女承认，目睹了对方被其前夫汉克·皮姆粗暴对待（曾经殴打过她）的他是为了她才这么做的（*Avengers*, vol. 3, #82, July 2004, reprinted in *Avengers Vol. 5: Once an Invader*, 2004）。（破坏组应有四名成员。——译者注）

夫妇回到复仇者大厦后,克林特将自己的弓一折两段,以示放弃鹰眼这一“软弱”身份的决心。①

讽刺的是,在大型星际冲突克里-斯克鲁战争期间,鹰眼意识到自己真正的本质始终是一名弓箭手,而非经化学试剂强化的巨人。②那时的鹰眼正身处于一架目标为摧毁地球的斯克鲁战舰中,自己身上的皮姆放大血清却将要失效,他只能用飞船上找到的材料制作了弓与箭,并以此摧毁了战舰,自己也堪堪逃脱一劫。③ 此前的他觉得自己的箭术辜负了复仇者同僚的期待,转而尝试成为强大的巨人(巧合的是,这同样是马戏团中的角色)。然而,他否认自己的本性,放弃自己的专长,偏离了为无为的道路,反而是意图成为自己不可能成为的人。

鹰眼与谦逊

克林特变身歌利亚的短暂经历说明他极度渴望比肩同僚,获得对方以及自我的肯定。但事实上,他在不久之后离开了团队,认为自

① *Avengers*, vol. 1, #63 - 64 (April - May 1969), reprinted in *Essential Avengers Vol. 3* (2001). (当时的复仇者联盟成员只有汉克·皮姆、黄蜂女、鹰眼三人。——译者注)

② *Avengers: Kree-Skrull War* (2008), reprinted in *Avengers*, vol. 1, #89 - 97 (June 1971 - March 1972),黑白印刷重印版本见 *Essential Avengers Vol. 4* (2005)。更多有关克里-斯克鲁战争的内容,参见本书中克里斯托弗·罗比肖所著章节《为正义而战:军事伦理学与克里-斯克鲁战争》。

③ *Avengers*, vol. 1, #99 (May 1972), reprinted in *Essential Avengers Vol. 5* (2006).

已“受够了鹰眼这个可悲愚蠢的复仇者身份”(讽刺的是，这恰恰是在索尔称赞其高超箭术后发生的事)。① 我们可以在克林特·巴顿身上看到许多令人钦佩的品质，不仅是精通弓箭的技艺、对于竞技的热爱，还包括他的英雄气概。然而，他仍旧缺乏道家大师特别强调的品质之一：谦逊。无论是在友人还是敌人眼中，他总是显得傲慢自大，而这种表现掩盖了其内心深处的不安。娜塔莎就曾说过，克林特“既满是自负，又极度不安”。② 从鹰眼的言行中，我们会发现他在将自己与更为强大的复仇者同僚对比时，深感不足——尤其是他的挚友、 210
良师以及切磋对象，美国队长。

从他加入复仇者联盟的那一刻起，克林特便不断挑战美队的权威，称之为没用的“老古董”，二战的残余。他们之间的冲突在合体后的第 4 期里达到顶点，鹰眼指着美队的脸——这一画面在后来的故事中不断出现——责难他领导不力，“总是想要控制一切”。③ 但随着两人关系的发展，克林特渐渐对这位自由战士崇敬不已，钦佩其明察善断、从容不迫的领导力，尤其是在自己领衔西海岸复仇者之后。

---

① *Avengers*, vol. 1, #109 (March 1973), reprinted in *Essential Avengers Vol. 5*.

② *Thunderbolts* #43 (October 2000), reprinted in *Avengers Assemble Vol. 3* (2006).

③ *Avengers*, vol. 1, # 20 (September 1965), reprinted in *Essential Avengers Vol. 1*. 有些事情是永远不变的：克林特甚至还为了谁“才应当”在史蒂夫·罗杰斯死后接过美国队长的战衣，挑衅罗杰斯的继任者巴基·巴恩斯。(*New Avengers: The Reunion* #1, May 2009, reprinted in *New Avengers: The Reunion*, 2010)。(托尼·史塔克授予克林特美国队长头衔的过程，参见 *Fallen Son: The Death of Captain America* #3, July 2007, reprinted in *Fallen Son: The Death of Captain America*, 2008。)

这支特设队伍成立不久后，一位陌生人出现在新总部，此时的克林特自言自语道：“我应该让其他人逮捕这名入侵者……还是自己冲过去抓住他？队长会怎么做呢？”①紧接着，在发现身穿钢铁侠装甲的不是托尼·史塔克而是其继任者詹姆斯·罗德斯(James Rhodes)后，鹰眼又和后者起了摩擦。克林特认为对方是个“业余的钢铁侠”，而在罗德斯看来自己的装甲复仇者任期虽然短暂但也成功。这让克林特回想起自己在复联生涯早期面对美队时的傲慢态度，并且“真想知道队长是怎么忍受我的”。②

与他的起源故事类似，克林特希望获得同僚的尊重，却缺乏道家推崇的精神——美队尤其体现了这种哲学，特别是在谦逊与领导力方面。上文已经提到过鹰眼对于荣誉的追求，而这从来不是美队的目标，他一直避免引起公众的注意，以及随之而来的赞颂。在领导复仇者联盟期间，美队倾向于激励他人而非表现自己。老子是这样描述如何有效领导他人的：“是以圣人欲上民，必以言下之；欲先民，必
211 以身后之。”③美队常常为产生自我怀疑的队员打气，起初他会这样告诉对方：“你是位很有潜力的复仇者，远胜他人。这就是我督促你的原因。你会成为我们最好的成员。”④过了很久之后，当鹰眼惊叹

---

① *West Coast Avengers*, vol. 1, #1 (September 1984), reprinted in *Avengers: West Coast Avengers Assemble* (2010).

② *West Coast Avengers*, vol. 1, #4 (December 1984), reprinted in *Avengers: West Coast Avengers Assemble*.

③ 《道德经》第 66 章。

④ 此处闪回情节参见 *Hawkeye: Blindspot* #2 (May 2011)。美队在克林特自怨自艾时展现的教科书式的“爱之深责之切”参见 *Hawkeye & Mockingbird* #6 (January 2011)。

于美队控制盾牌的技巧，并询问他是如何做到的时，美队只是说道："熟能生巧，克林特。就像你一样。"①即使是在合作数十年后，鹰眼再次质疑美队的领导，美队仍然不会正面回应他的批评，而是将位置交予克林特，既然对方认为自己能够做得更好，并且如此宽慰他的老朋友："你是个好人，克林特。"②美队没有利用这个机会鼓吹自己身为英雄或领导者的能力，而是选择赞扬克林特，提携他，同时激励他更进一步："你的确是我们之中最棒的，但前提是你视此为目标。"③

谦逊也可以是一种战略，尤其是借此愚弄敌人的时候。交叉火(Crossfire)曾经俘虏鹰眼，并计划杀害他，用尸首引出其他地球英雄。他告诉克林特，之所以选择对方是因为他是"所有身穿制服的犯罪斗士中最软弱、最无能的"。④ 不过可想而知，交叉火大大低估了我们钟爱的弓箭手，比反派智高一筹的克林特逃脱了陷阱。交叉火又试图用鹰眼的弓箭击杀对方，却可笑地发现自己的力量不足以拉开弓弦。老子曾写道："祸莫大于轻敌。" ⑤换言之，对敌人示弱反而可能成为优势，这也是克林特的领悟(但似乎并未铭记于心)。

---

① *Avengers*, vol. 3, #75 (February 2004), reprinted in *Avengers: The Search for She-Hulk* (2010).

② *Avengers*, vol. 3, #6 (July 1998), reprinted in *Avengers Assemble Vol. 1* (2004).

③ *Hawkeye: Blindspot* #2. 有关美国队长的谦逊品质的更多讨论，可参见我的文章："Captain America and the Virtue of Modesty" in *Superheroes: The Best of Philosophy and Pop Culture*, ed. William Irwin (Hoboken, NJ: John Wiley & Sons, 2011)。

④ *Hawkeye*, vol. 1, #4.

⑤ 《道德经》第69章。此处与《孙子兵法》中的观点类似，这部著作本身也是道家经典作品。

英雄的生与死

与漫威宇宙的许多英雄一样，鹰眼亲身经历过死亡与重生——不止一次。其中一次，精神崩溃的猩红女巫利用自己改变现实的能
212 力组建了一支克里大军，攻击复仇者大厦，克林特被几名克里士兵从背后射中。不愿这样死去的鹰眼就近抓住一个克里人，打开对方的背部飞行器以进入克里战舰，在摧毁飞船的同时身亡。① 我们可以简单地将之视为这位马戏团前成员的最后一次表演，当然，也可以通过这一事件探讨道学视角下的英雄主义与死亡，两者皆与“无牺牲”的牺牲有关（与为无为的精神一致）。

正如老子所言：“是以圣人后其身而身先，外其身而身存。”②英雄也是如此：置自己的需求与安危于不顾，一心保护他人的英雄得以永存，无论是在字面意义上（以英雄的身份存活）还是隐喻意义上（死后成为不朽传奇）。鹰眼飞入克里战舰牺牲了自己，这种英雄壮举会让后世铭记。之后，当凯特·毕肖普——少年复仇者兼杰出射手——像过去的克林特那样反驳美国队长时，后者将鹰眼这一称号（以及装备）转授她。③ 现在的鹰眼已经成为传奇的代名词，是能够

---

① *Avengers*, vol. 3, #502 (November 2004), reprinted in *Avengers Disassembled* (2005).

② 《道德经》第7章。

③ *Young Avengers* #12 (August 2006), reprinted in *Young Avengers: Family Matters* (2007).

交给未来英雄传承的披风。①

老子又问道："民不畏死，奈何以死惧之？"②克林特·巴顿的英勇表现说明他并不畏惧死亡——即使他真的畏惧，也没有让这种恐惧阻碍自己的英雄之举。老子还（较为直白地）写道："是以圣人常善救人。"③这样看来，鹰眼无疑也是一位圣人。而对于克林特来说，这不仅仅是超级英雄主义或是身为复仇者的义务，至少在他的生涯后期并非如此。不久之前，他在前往默特尔比奇（Myrtle Beach）的公路旅行途中帮助了许多遇到麻烦的司机（当然，都是女性）。最后，他在酒吧里从流氓手中救下了一位脱衣舞娘，此举令他卷入了一场涉及老挝战争罪行及失窃宗教遗物的阴谋——直到该故事线的第6期，他才披上超英制服。④

鹰眼死后不久，猩红女巫（在弟弟快银的影响下）利用自己的超 213
能力将整个世界改造为变种人主导的王国，由父亲万磁王统治。她也复活了一直与她十分亲近的鹰眼，但在鹰眼的攻击下，她再次"分解"了他。就在人们以为鹰眼又一次死亡的时候，却发现一份登有其讣告的报纸被一支神秘的箭钉在墙上，这不免让我们（以及复仇者）产生了别的想法。⑤ 当克林特找到猩红女巫（或者说"与之和解"）后，她却对自己造成的灾难毫无记忆，而前者则开始使用浪人这一身份，直到阿斯加德围城事件结束，"英雄时代"开启，才回归鹰眼这一

① 更多有关超级英雄披风的内容，参见本书中史蒂芬·纳尔逊所著章节《超英同一性：复仇者案例研究》。

② 《道德经》第74章。

③ 《道德经》第27章。——译者注（原文未注。）

④ *Hawkeye*, vol. 3, #1-6 (December 2003 - May 2004).

⑤ *House of M* (2006).（分解鹰眼的应为猩红女巫的儿子。——译者注）

多彩的经典角色。①

鹰眼第二阶段的独特经历令人联想到庄子最为著名的寓言故事:

> 昔者庄周梦为胡蝶,栩栩然蝴蝶也,自喻适志与,不知周也。俄然觉,则蘧蘧然周也。不知周之梦为胡蝶与,胡蝶之梦为周与?②

在这段引文之前,庄子提到了死亡的概念:“予恶乎知夫死者不悔其始之蕲生乎?”③这句话有两点含义:首先,我们无法比较两种不同的存在状态,也无法确定哪一种更“真实”,比如蝴蝶与庄周。猩红女巫彻底改变了现实,以实现快银概念中的完美世界:谁能确定哪一个更加真实,改变后的世界还是原来的世界?其次,我们更是无法确定自己倾向于哪一种状态:蝴蝶还是庄周?生还是死?对于道学家而言,生与死都是自然的一部分。没有哪一种状态值得青睐,而均应视为

① 克林特在《新复仇者》第1辑第26期(2007年1月)中找到猩红女巫,在第27期(2007年4月)中以浪人的身份出现(尚未确认),在第30期(2007年7月)中(以闪回的方式)承认自己就是浪人。以上内容均重印于 *New Avengers Vol. 6: Revolution* (2007)。他再次成为鹰眼的过程参见 *Enter the Heroic Age* (July 2010), reprinted in *Hawkeye & Mockingbird: Ghosts* (2011)。

② 哲学家勒内·笛卡尔(René Descartes)(1596—1650)提出过类似的观点,即质疑我们对于现实的认知,可参见其著作 *Meditations on First Philosophy* (1641), Meditation 1。将这一点与冒充仿声鸟多年的斯克鲁人联系在一起也并不过分!(仿声鸟的故事参见 *New Avengers: The Reunion*。)(引文出自《庄子·齐物论》,即庄周梦蝶的故事。——译者注)

③ 意为:我怎么知道死去的人是否后悔当初一味求生呢?——译者注

道来接受。克林特经历过生死，身处过不同的现实——要是能问问 214
他的看法就好了！

弓箭手之道

在克林特重拾鹰眼这一身份后，他自忖道："时光飞逝，但此时此地，感受着弓弦的拉力，手指间的箭羽，身后箭袋的重量……这才是归宿。"[1]他回到了自己真正的道路，为无为的道路上，因为对他来说这才是最自然且自如的选择。那么，我们自然也应以老子的引言作为本章的结尾："天之道，其犹张弓与？高者抑下，下者举之，有余者损之，不足者补之。"[2]"道"调和并平衡一切，而体验过爱、逝去与挣扎的克林特·巴顿也许正在前往"道"的道路上。

---

① *Hawkeye & Mockingbird* #1 (August 2010).

② 《道德经》第 77 章。

附录：
为何《复仇者联盟》有四辑？

鉴于《复仇者联盟》的漫画期刊十分庞杂，再版发行或重新编号的频率堪比钢铁侠更新其装甲的速度，本文即为深入研究复仇者系列作品的“简明”指南，范围覆盖所有仍在连载的主体刊物（不得不省略许多迷你系列及单行本）。

第 1 辑《复仇者联盟》于 1963 年 9 月开始连载，持续了四百多期（包括年刊）后于 1996 年 9 月结束。1984 年，西海岸复仇者在同名迷你系列中出场（显然是为了让鹰眼离开复仇者大厦），并于 1985 年发展为连载至 1994 年的长期系列［1989 年更名为《复仇者在西海岸》（*Avengers West Coast*）］。停不下来的鹰眼还在《复仇者独奏》（*Solo Avengers*）系列中担任主角（该系列的背景故事通常以另一位复仇者为主角），自 1987 年连载至 1991 年［同样在 1989 年更名为《复仇者聚光灯》（*Avengers Spotlight*）］。

在第 1 辑《复仇者联盟》的最后，复仇者“英雄重生”，进入比例失调、制服糟糕的口袋宇宙（pocket dimension）。[①] 很不幸，《复仇者联盟》第 2 辑仅仅连载了 13 期（自 1996 年 11 月至 1997 年 11 月）。你会发现本书从未引用这一辑的内容——这是有原因的。（言尽于此。）第 3 辑《复仇者联盟》始于 1998 年 2 月，我们的英雄回归到正常的漫威宇宙中，阵容堪称经典（复仇者聚光灯转而照在猩红女巫的肚脐上）。[②] 2004 年 9 月，该系列从 500 期开始重新编号，以与最初的编号保持一致（取消中间的分辑）。然而，这一期也是"复仇者解散"事件的开始，崩溃的猩红女巫摧毁了复仇者团队与大厦。（亲爱的读者，你可以自己看出联系吧。）

接下来便更有趣了：经过钢铁侠与美国队长的深思熟虑，《新复仇者》第 1 期于 2005 年 1 月发行（没错，就在原班复仇者联盟**永远**解散的那一个月！）。之后，《少年复仇者》于 2005 年 4 月出版，连载一年，讲述了第二代英雄团队的故事（成员包括又一名狂妄自大的弓箭手）。[③] 然后是 2006 年，《内战》发生，新复仇者在此后再次出现，反叛者们组成了地下杂牌团队以对抗《超级英雄注册法案》——是的，克林特·巴顿也是其中一员。不过，以钢铁侠为代表的注册派势力另有自己的队伍。《神威复仇者》系列于 2007 年 5 月开始连载，并于 2007 年 6 月衍生出《复仇者：别动队》（*Avengers: The Initiative*）系列，描绘了年轻英雄的训练过程（不包括少年复仇者，他们仍在以单

① 口袋宇宙，漫画中的常见宇宙观设定，来源于宇宙膨胀理论（inflationary theory），指大宇宙内部的有限空间区域。此处应为对第 2 辑画风的讽刺。——译者注

② 应指鹰眼对猩红女巫的情愫。——译者注

③ 指二代鹰眼凯特·毕肖普。——译者注

行本及迷你系列的形式出场)。

斯克鲁人的《秘密入侵》于 2009 年 1 月结束后,新复仇者与神威复仇者都经历了重组(但两个系列继续连载,甚至没有重新编号!)。更重要的是,《黑暗复仇者》于 2009 年 3 月开始发行,主角皆为冒充鹰眼、惊奇女士等主要复仇者的反派,并由诺曼·奥斯本领导。2010 年夏季,奥斯本的阿斯加德围城之战落幕,所有复仇者系列——《新复仇者》《神威复仇者》《黑暗复仇者》以及《复仇者:别动队》——终止。在全新的《英雄时代》里,不仅发行了第 2 辑《新复仇者》,我们还会看到第 4 辑《复仇者联盟》,这一经典系列在 15 年后首次恢复。除此之外,还有《秘密复仇者》(史蒂夫·罗杰斯的秘密行动组,之后转由鹰眼领衔)、《复仇者学院》(最新的年轻英雄培训系列)以及 2012 年 3 月开始连载的《复仇者集结》(*Avengers Assemble*)——更不用说同名真人电影《复仇者联盟》系列,以及动画连续剧《复仇者联盟:地表最强英雄》——现在的复仇者联盟无疑是地表最强连载漫画、电视连续剧以及系列电影。

作者简介

复仇者学院

亚当·巴克曼(Adam Barkman),阿姆斯特丹自由大学(Free University of Amsterdam)博士,加拿大安大略省安卡斯特区救世主大学学院(Redeemer University College)哲学系副教授。著有《C. S. 刘易斯与作为一种生活方式的哲学》(*C. S. Lewis and Philosophy as a Way of Life*)、《透过常见事物》(*Through Common Things*)以及《超越一切事物》(*Above All Things*),编有《日本漫画与哲学》(*Manga and Philosophy*)及《李安哲学》(*The Philosophy of Ang Lee*)。不过,对于他的孩子们来说,也就是海瑟(黄蜂小龟)和特里斯坦(浩克狗狗),他是雷神狮子,他们总是这样唱道:"复仇者,集结!战斗到,永远,开战啦,噗!噗!噗!"

阿诺·博盖尔兹(Arno Bogaerts)正在比利时布鲁塞尔自由大学(Vrije Universiteit Brussel)攻读哲学伦理专业,写过几篇有关超级英雄的文章。他也为比利时漫画网站 Brainfreeze 撰稿,还会为

《超人与哲学》(*Superman and Philosophy*)中的一章供稿。他坚信比利时啤酒会轻松赢过最好的阿斯加德蜂蜜酒,所以计划和朋友一起向索尔及托尼·史塔克发起比赛饮酒的挑战。

罗伊·T. 库克(Roy T. Cook),明尼苏达大学双城分校(University of Minnesota-Twin Cities)哲学系副教授,明尼苏达科学哲学中心常驻研究员(Minnesota Center for Philosophy of Science),苏格兰阿伯丁大学北方哲学研究所(Northern Institute of Philosophy-University of Aberdeen)副研究员。著有《哲学逻辑辞典》(*A Dictionary of Philosophical Logic*),编有《起源学会抽象数学论文集》(*The Arché Papers on the Mathematics of Abstraction*),发表过大量有关佯谬、逻辑哲学、数学哲学以及漫画美学的学术论文。他也是《漫画的艺术:从哲学的角度看》(*The Art of Comics: A Philosophical Approach*)一书的编者之一[另一位是亚伦·麦斯金(Aaron Meskin)]。尽管画家和作家们已竭尽所能,但他与珍妮弗·沃尔特斯之间最初的缘分已被美国漫画法典管理局的审查制度斩断,所以那些浪漫的细节也变成了永远的秘密。

莎拉·K. 多诺万(Sarah K. Donovan),纽约瓦格纳学院(Wagner College)哲学与宗教研究系副教授。她的教学与研究方向包括女权主义、社会学、道德学及大陆哲学,并为本书所属系列合著了有关蝙蝠侠、守望者、钢铁侠以及绿灯侠的文章。在研究黑暗复仇者的过程中,她与林迪·雷诺兹成了朋友,但现在心怀愧疚,因为她曾向对方保证搭乘直升机是完全安全的。

安德鲁·齐默曼·琼斯(Andrew Zimmerman Jones),About.com 网站的物理学顾问,著有《弦理论傻瓜书》(*String Theory for*

Dummies)。他与妻子和两个小儿子住在印第安纳州中部，偶尔为诸如《〈英雄〉与哲学》(*Heroes and Philosophy*)和《〈绿灯侠〉与哲学》(*Green Lantern and Philosophy*)这样的精彩文集写点文章。空闲时间里，他会探寻琼斯粒子，一种能缩短腰围的理论粒子。

查尔斯·克莱曼(Charles Klayman)，伊利诺伊州卡特维尔市约翰·A. 罗根学院(John A. Logan College)哲学教师。由于泽维尔高等教育学院(Xavier's Institute for Higher Learning)拒绝了他的入学申请，他正在南伊利诺伊大学卡本代尔分校(Southern Illinois University Carbondale)攻读博士学位。他的研究方向是古典美国哲学与美学。虽然具有迷惑人心的能力，他还是未能加入复仇者联盟。显然扛着一本厚厚的哲学书跟扛着神话中的锤子或坚不可摧的盾牌是不一样的。

丹尼尔·P. 马洛伊(Daniel P. Malloy)在猩红女巫与幻视结婚后退出了复仇者联盟，他认为(与克莱曼所著章节中的观点相反)，会走路的烤面包机是没有婚姻权的。他与贾维斯之间也有点争议，不过已经庭外和解了。自那以后，丹尼尔便在阿帕拉契州立大学(Appalachian State University)哲学系教授导论课程，也会针对哲学与流行文化之间的交集写点文章。

路易斯·P. 梅兰松(Louis P. Melançon)每次看医生的时候都会穿成美国队长的样子并要求注射超级士兵的血清。目前为止，他得到的只有流感及炭疽病疫苗。虽然他(还)不曾对战斯克鲁人、克里族或任何能够穿越时间并热衷于统治世界的反派，但作为一位美国陆军军官，路易斯拥有过各式各样的战略级及战术级战斗武器与情报经验。他曾被授予铜星勋章，并于美国联合军事情报学院

(Joint Military Intelligence College)[现为国家情报大学(National Intelligence University)]以及伦敦国王学院(King's College)获得了硕士学位。不过他最大的成就是教他两岁大的女儿说对每个宠物复仇者(Pet Avengers)的名字。

史蒂芬·M. 纳尔逊(Stephen M. Nelson)，明尼苏达大学(University of Minnesota)哲学系博士生。他会为各类专业授课，研究方向主要是语言哲学、逻辑哲学及形而上学。作为具有冰岛血统的奥丁直系后裔(他能提供详细的家谱证明这一点)，史蒂芬总觉得他与索尔之间有着特别的(几乎可以说是情同手足的)联系，甚至对于跟索尔混在一起的那帮超级英雄也有这种感觉。

罗伯特·鲍威尔(Robert Powell)——在受到某种特制绝密血清影响时也被称作"特洛伊"——是加拿大不列颠哥伦比亚省维多利亚市皇家路大学(Royal Roads University)冲突分析与管理专业的一名硕士研究生，本科专业是心理学与哲学。特洛伊还是种族灭绝预防组织"哨兵计划"(位于多伦多的非政府组织)的研究分析员，负责开发一种开源式种族灭绝预警系统——或者用特洛伊的话来说就是"种族冲突脑波搜索仪"①。不为人知的是，特洛伊正在秘密研究如何升级创造了哨兵的血清，他坚信我们必须学会掌控自己本性的黑暗面，才能在我们所处的世界里作为英雄崛起。

尼古拉斯·理查森(Nicholas Richardson)，纽约瓦格纳学院自然科学系副教授，教授普通化学、高级无机化学及药物化学。他为本书所属系列合著过有关蝙蝠侠、守望者、钢铁侠以及绿灯侠的文章。

---

① Cerebro，脑波搜索仪，《X 战警》中用来侦测变种人的仪器。——译者注

诺曼·奥斯本起初曾邀请他加入黑暗复仇者,但办手续时一些文件莫名丢失,奥斯本只好在最后一刻亲自上场成为钢铁爱国者。

克里斯托弗·罗比肖(Christopher Robichaud)在哈佛大学肯尼迪政府学院(Harvard Kennedy School of Government)教授伦理学与公共政策。复仇者联盟经常向他咨询有关道德与政治哲学的问题。好吧,是尼克·弗瑞逼他们的。美国队长总是很有礼貌地听取他的意见。钢铁侠完全当他不存在。黑寡妇威胁他如果再不闭嘴就杀了他。鹰眼随声附和。索尔就只是大笑,然后邀请他一起去喝杯啤酒。还有浩克,谢天谢地,他从不赴约。

杰森·索斯沃斯(Jason Southworth),堪萨斯州海斯市福特海斯州立大学(Fort Hays State University)哲学系副教授。他为"哲学与流行文化"系列里的许多图书撰写过篇章,主题包括《盗梦空间》(*Inception*)、《X战警》(*X-Men*)以及《最终幻想》(*Final Fantasy*)。他很想知道宠物复仇者的申请程序是怎么回事,如果狮子小姐是其中一员,那没邀请海普茨巴(Hepzibah)绝对是个错误,她可是索斯沃斯-托尔曼家族强悍的守卫者呢。

托尼·斯帕纳克斯(Tony Spanakos)从未收到过加入复仇者联盟的邀请,尽管他的妻子、朋友和学生都认为他"异于常人"(积极意义上的)。从泰瑞根迷雾①中走出的他没有获得什么有用的能力,除了能够在拥挤的地铁车厢里自在地阅读枯燥的文字之外。他数年来一直致力于学术事业,在新泽西州的蒙特克莱尔州立大学(Montclair State University)和纽约大学(New York University)教

① Terrigen Mists,异人族接触后会获得超能力的物质。——译者注

授政治学。在被召唤加入捍卫者联盟之前,他发表过许多有关政治经济学及拉丁美洲民主化的文章。坚持等待一份复仇者差事的他(汉克·皮姆能做的事,他为什么不行?)已经为《〈蝙蝠侠〉与哲学》(*Batman and Philosophy*)、《〈守望者〉与哲学》(*Watchmen and Philosophy*)、《〈钢铁侠〉与哲学》(*Iron Man and Philosophy*)以及《〈蜘蛛侠〉与哲学》(*Spider-Man and Philosophy*)撰写过篇目。

露丝·托尔曼(Ruth Tallman),佛罗里达州迈阿密海岸贝瑞大学(Barry University)哲学系助理教授。她曾为有关夏洛克·福尔摩斯、滚石乐队以及圣诞节的科普类哲学书供稿。她不太满意虎女和汉克·皮姆的恋情,因为这会向缺乏判断力的小猫传递错误信息,比如海普茨巴,索斯沃斯-托尔曼家族无畏的保护者。

安德鲁·泰耶森(Andrew Terjesen),杜克大学(Duke University)哲学博士,分别在奥斯汀学院(Austin College)、华盛顿与李大学(Washington and Lee University)以及罗德学院(Rhodes College)有过数年教学经验。他的哲学研究方向包括道德哲学、早期现代哲学以及法律哲学。他也热衷于研究哲学与流行文化之间的交集,并就此为本丛书撰写过多篇文章,比如有关X战警、守望者、钢铁侠、绿灯侠、蜘蛛侠和超人的。安德鲁最近被法学院录取了,但让他失望的是,他的刑法教授没有提到"康诉永生者诉血色百夫长诉法老案"这一经典判例中的跨时管辖权问题。(安德鲁怀疑这位教授是个斯克鲁人。)

马克·D. 怀特(Mark D. White),纽约市立大学史丹顿岛学院(College of Staten Island/CUNY)政治经济与哲学系主任,教授经济学、哲学及法律等课程。著有《康德伦理学与经济学:自主、尊严与品格》(*Kantian Ethics and Economics: Autonomy, Dignity, and Character*)(斯坦福大学出版社,2011),编有多部此系列图书,主题包括蝙蝠侠、守望者、钢铁侠、绿灯侠及超人。如果他拥有猩红女巫那种改变现实的能力,他肯定会确保自己也是本书的主编。

索　引

（索引中的页码为原著页码，检索时请查本书边码）

出自贾维斯秘密档案

图书在版编目(CIP)数据

《复仇者联盟》与哲学：地表最强思想家 / (美)马克·D. 怀特主编；徐楠译. —南京：南京大学出版社，2019.4 (2019.9 重印)
(哲学与流行文化丛书)
书名原文：The Avengers and Philosophy: Earth's Mightiest Thinkers
ISBN 978-7-305-21668-8

Ⅰ. ①复… Ⅱ. ①马… ②徐… Ⅲ. ①文化哲学 Ⅳ. ①G02

中国版本图书馆 CIP 数据核字(2019)第 036298 号

Title: The Avengers and Philosophy: Earth's Mightiest Thinkers by William Irwin and Mark D. White, ISBN: 9781118074572

江苏省版权局著作权合同登记 图字:10-2019-039 号

出版发行 南京大学出版社
社　　址 南京市汉口路 22 号　　　邮　编 210093
出 版 人 金鑫荣

丛 书 名 哲学与流行文化丛书
丛书主编 [美]威廉·欧文
书　　名 **《复仇者联盟》与哲学:地表最强思想家**
主　　编 [美]马克·D. 怀特
译　　者 徐　楠
责任编辑 张　静

照　　排 南京南琳图文制作有限公司
印　　刷 江苏凤凰通达印刷有限公司
开　　本 850×1168 1/32 印张 8.5 字数 207 千
版　　次 2019 年 4 月第 1 版 2019 年 9 月第 3 次印刷
ISBN 978-7-305-21668-8
定　　价 48.00 元

网址：http://www.njupco.com
官方微博：http://weibo.com/njupco
官方微信号：njupress
销售咨询热线：(025) 83594756